I0606291

Dios con nosotros

Dios con nosotros

DEVOCIONAL DE ADVIENTO

Wendy Bello

ESPAÑOL
BRENTWOOD, TENNESSEE

Dios con nosotros: Devocional de adviento

B&H Publishing Group
Brentwood TN, 37027

Diseño de portada: Connie Gabbert
Diseño interior: Kristen Ingebretson
shutterstock_2189172883
Foto de la autora: B&H Publishing Group

Clasificación Decimal Dewey: 242.33
Clasifíquese: LITERATURA DEVOCIONAL \ ADVIENTO \ JESUCRISTO--NATIVIDAD

ISBN: 978-1-0877-7996-6

Impreso en China.

1 2 3 4 5 * 27 26 25 24

A mi abuela Delia,
quien primero me habló de Jesús.

ÍNDICE

INTRODUCCIÓN

Las navidades están entre los recuerdos más queridos de mi niñez. Crecí en un país en el que los adornos, los villancicos y la palabra misma, Navidad, eran considerados rezagos de una sociedad que debía desaparecer para siempre. Sin embargo, la celebración de la Navidad siempre ocupó un lugar importante en mi familia porque mis abuelos eran creyentes y nunca se pasaba por alto.

Recuerdo que no se podía comprar un árbol de Navidad en las tiendas y, dado que Cuba es un país tropical, no había variedades de pinos hermosos como los que crecen en otros continentes. Pero mi abuelo se las ingeniaba para conseguir alguna rama del tipo de pino que crece en la isla. Esa rama, un tanto enjuta, se convertía en el árbol navideño familiar.

Yo tenía la emoción y la curiosidad típica de los niños y me fascinaba abrir las cajas donde mi abuela guardaba con mucho cuidado los adornos navideños que había conservado por décadas. Eran de cristal y, aunque estaban ya manchados por los años, para mí eran hermosos y especiales. Mientras decorábamos el arbolito y colocábamos los pocos adornos que habían sobrevivido al tiempo, mi abuela ponía en su tocadiscos los discos de vinil con himnos y canciones tradicionales. Me sentaba en un sillón a escuchar los arreglos orquestales de melodías como «Venid, fieles todos», «¡Al mundo paz!» y tantos otros que de seguro muchos de ustedes tienen también en su memoria. ¡Qué alegría producía ese tiempo para mí!

Recuerdo con claridad que la escasez económica que vivíamos en ese tiempo no impedía que mi abuela y mi mamá siempre procuraran que hubiera regalos en el árbol. En nuestra iglesia, los programas navideños eran lo más concurrido del año. Las cantatas, las obras dramáticas y los coros de niños no solo atraían a los miembros sino también a un público curioso que no conocía lo que celebrábamos.

Algunas de mis amigas de la escuela venían a la casa de mis abuelos para ver las decoraciones navideñas porque, como dije antes, todo lo que tuviera alguna relación con

la Navidad quedaba reducido a los cristianos y las iglesias. No era decisión de la población sino una medida impuesta por el gobierno imperante. Pasarían muchos años antes de que nuevamente se mencionara la festividad y regresaran a las tiendas, las casas y las calles de Cuba los aires navideños.

Sin embargo, Navidad es mucho más que adornos, celebraciones o regalos. Por lindos que sean los adornos, por hermosos que sean los cantos y por mucho que disfrutemos las reuniones familiares e incluso los regalos, la Navidad tiene un significado que trasciende épocas y festejos. Por eso es importante que hagamos un poco de historia.

Los cristianos de Roma comenzaron a celebrar el nacimiento de Cristo alrededor del siglo IV. Los estudiosos señalan que la posible causa para el comienzo de la celebración fue el surgimiento de una controversia teológica por el cuestionamiento de algunos de la encarnación de Cristo. Hacer énfasis en Su nacimiento era una manera de contrarrestar esa herejía. La celebración se hizo tan popular que, para finales de dicho siglo, ya era común en la mayor parte del mundo cristiano. En ese momento no se llamó Navidad a la conmemoración, sino que el nombre se empezó a utilizar mucho después, durante la Edad Media. Esta palabra viene del latín *natīvĭtas* que se traduce al español como «nacimiento».

Con respecto a la fecha de la celebración podemos decir que el 25 de diciembre como día del nacimiento de Jesús no aparece en la Biblia. De hecho, no encontraremos ninguna fecha específica en la Biblia de la manera en que las encontramos en libros de historia actuales. Esto se debe a que los autores bíblicos vivieron en una época en que los calendarios y la manera de fechar los acontecimientos eran diferentes. Por lo tanto, no sabemos con exactitud el día del nacimiento de Cristo. ¿Por qué entonces se escogió esta fecha? Bueno, los romanos tenían un festival conocido como Fiesta del Sol Invicto que se celebraba ese día. Cuando el emperador Constantino emitió el Edicto de Milán en el año 313 d. C., se puso fin a la persecución contra los cristianos y el cristianismo, en cierto modo, se convirtió en la religión oficial del imperio. En ese momento la iglesia —para contrarrestar la influencia de las festividades paganas— escogió darle un significado cristiano al 25 de diciembre que ya venían celebrando, es decir, celebrar en esa fecha el nacimiento del Hijo de Dios, la Luz del mundo.

Así que la historia nos enseña que el origen no es pagano, como lamentablemente suele argumentarse, sino que se le dio un significado completamente distinto a la celebración al consagrarla como la fecha para la encarnación de Cristo, erradicando así cualquier contenido o sincretismo pagano y haciéndola muy diferente a cualquier otra festividad del paganismo antiguo. La historia de la iglesia en ese mismo siglo también fue testigo del comienzo de otra celebración relacionada con la venida de Cristo. Sin embargo, se trata de otra manera de celebrar el nacimiento de Cristo que ha quedado relegada por años en el pueblo cristiano y que hoy quiero invitarte a que vuelvas a considerar por su enorme valor práctico y espiritual.

El adviento

¿Alguna vez has estado contando los días mientras esperas que algo suceda? Me imagino que sí. Mi mamá me recordó hace poco cómo yo tenía la costumbre de hacer un conteo regresivo hasta que llegaba el día en que tomábamos nuestras vacaciones anuales en una hermosa playa caribeña. Por supuesto, también recuerdo la emoción de contar los días para la ceremonia de bodas que unió la vida de mi esposo con la mía. Después llegó el momento de la dulce espera, cuando contaba los días para la llegada de cada uno de nuestros hijos.

Este tipo de tiempo de espera se repite de diversas maneras en nuestras vidas tanto para circunstancias agradables como para otras que no lo son tanto. El adviento también es conteo regresivo. Aunque en el mundo evangélico norteamericano es bastante común, en América Latina es una práctica menos acostumbrada

o conocida. Creo que se debe a que, por alguna razón, solemos asociarlo con una celebración católica.

La palabra adviento viene del latín *adventus*, que significa «llegada» o «venida». Se trata de una cuenta regresiva que comienza el último domingo de noviembre y se extiende hasta el 25 de diciembre, la fecha en que tradicionalmente celebramos la Navidad, el nacimiento o la primera venida de Cristo. Pero el adviento no solo se queda en la celebración de una fecha en el pasado, sino que también involucra una mirada expectante a la segunda venida de Cristo que todavía aguardamos. Se trata, entonces, de una temporada de celebrar y también de anticipar; un conteo regresivo en que conmemoramos Su primera venida y estamos anticipando que nuestro Salvador por fin regrese a establecer Su reino, ¡y podamos habitar por siempre con Él!

Aunque el adviento tradicional incluye algunas prácticas como el encendido de velas —cada una con un significado especial— y algunas otras prácticas que varían según la denominación y la liturgia, hay algo que todos celebraremos por igual: la venida de Cristo al mundo.

La tentación siempre estará en enfocarnos en todo lo demás durante esta temporada del año: el ajetreo, las compras, los compromisos. Lamentablemente, Cristo «se nos pierde» entre tantas otras cosas durante un tiempo que se supone está dispuesto para celebrar Su venida.

Quisiera invitarte a celebrar el adviento, aunque te suene raro y no sepas muy bien de qué se trata. Es muy posible que no lo hayas hecho antes y no sepas por dónde comenzar. ¿Qué te estoy proponiendo? Te propongo que tengamos un tiempo de gratitud y expectación, una celebración en cuenta regresiva en torno al motivo más sublime: el Salvador que vino y que vendrá.

Adviento es disponernos a celebrar la esperanza y la llegada de la Luz en la persona de Jesucristo. Es la oportunidad para reflexionar por varios días alrededor de la reconciliación del ser humano con Dios a través de Cristo Jesús y el cumplimiento de la agenda salvadora del cielo en la tierra. El adviento conmemora la venida del Salvador que cambió la historia y nos enfoca en aguardar con expectación la nueva era que vendrá con la llegada del Rey. Adviento es un período de tiempo que no podemos dejar pasar porque nos ayuda a celebrar el mayor de todos los milagros: Dios con nosotros. A veces la época navideña se nos hace demasiado familiar y olvidamos que el Dios eterno, infinito, inmutable e ilimitado bajó para compartir con lo efímero, mutable y limitado. Vino a nosotros para traer salvación y vida eterna. ¿¡Cómo no celebrarlo!?

Esa es la razón para este libro. Quisiera invitarte a hacer un recorrido desde el principio de la historia humana en Edén —donde Adán y Eva habitaron con Dios— y desarrollar los hitos de esa historia hasta el final, cuando habitaremos otra vez con Él. La Biblia cuenta una sola historia, la de un Dios redentor que vino a buscar lo que se había perdido. La historia de un Dios que permanece en medio nuestro porque en Su infinita gracia y misericordia Él es Dios con nosotros.

He dividido el libro en cuatro semanas que cuentan con una lectura para cada día. La idea es comenzar las lecturas el último domingo de noviembre y terminar con la última el 25 de diciembre. Decidí incorporar un himno o canción en cada semana porque se trata de un tiempo de adoración y celebración. Los escogí cuidadosamente para que la letra sea también un recordatorio de las verdades eternas que sostienen nuestra fe y para que sean un incentivo que nos lleve a adorar a Dios con todo nuestro corazón.

Espero que cada una de estas lecturas produzca en ti expectación, gozo, gratitud. Que el texto bíblico que da vida a cada una de estas páginas se arraigue en tu corazón y que, al llegar al punto final de las palabras escritas, no puedas sino maravillarte ante el milagro del Dios encarnado que nació en Belén y un día regresará.

Wendy Bello
Miami, 2023

PRIMERA SEMANA

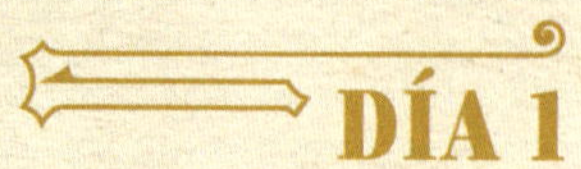

DÍA 1

En el principio

DIOS CREÓ

los cielos

y la

TIERRA

GÉN. 1:1

Día 1

EN EL PRINCIPIO

«En el principio Dios creó los cielos y la tierra» (Gén. 1:1)

Piensa por un momento en lo más hermoso que hayas visto alguna vez. Algo que te dejó sin habla y que, en ese instante, quisiste que se grabara en tu memoria para poder regresar —aunque solo fuera en tu mente— y revivir lo que pudiste captar con tus ojos. Yo recuerdo la primera vez que estuve frente a las cataratas del Niágara en Canadá. Estábamos celebrando mi cumpleaños y un amigo nos llevó a mi esposo y a mí. El crudo invierno canadiense se hacía más intenso en ese lugar, pero la expectativa nos mantenía emocionados. Caminamos por una calle que bordea el río, aunque a muchos metros de altura. Desde lejos se escuchaba el estruendo del torrente de aguas que cae con fuerza y, al hacerlo, produce una bruma que convierte el cuadro en un paisaje mágico. El asombro nos embargó cuando nos acercamos y por fin pudimos ver las cataratas.

Desde la baranda que corre a lo largo de la calle junto a la acera, siempre atestada de turistas, nos quedamos observando la infinidad de metros cúbicos de agua que caen constantemente y que, al llegar al borde del precipicio, se lanzan a lo que parece un abismo inmenso y producen las majestuosas cataratas. Una cosa es verlas en películas o documentales y otra muy diferente es contemplar en vivo tan impresionante maravilla de la creación. Sin embargo, todo lo que podamos ver de este lado del sol, por muy hermoso e imponente que sea, no es sino un recuerdo borroso de aquel mundo que comenzó originalmente en el Edén.

El relato de la creación se vuelve a veces tan familiar que obviamos su magnitud y deja de asombrarnos. Pero piensa en sus detalles deslumbrantes por un momento. Dios lo hizo todo de la nada. El mundo fue hecho, y de manera perfecta, con tan solo pronunciar palabras. Cierra los ojos y trata de imaginar un jardín cubierto de flores hermosas sobre el manto verde de la hierba fresca. Un cielo azul radiante surcado por aves coloridas. A tus oídos llega el sonido arrullador del agua cristalina y fresca del río que Dios dispuso para regar la tierra. Si levantas la mirada, los árboles frondosos cargados de frutos atractivos y deliciosos llenan el lugar. A Su sombra se pasea toda clase de animales que conviven en perfecta armonía. Al llegar la noche, un manto de estrellas incontables engalana el firmamento donde la luna preside. El sol esplendoroso se levanta al amanecer y con sus rayos tibios ilumina todo. Y, en medio de toda esta obra definida por el Señor como muy buena, está la cúspide de Su obra creadora. Dios colocó allí dos criaturas especiales, diferentes de todas las demás:

> «Y dijo Dios: "Hagamos al hombre a Nuestra imagen, conforme a Nuestra semejanza; y ejerza dominio sobre los peces del mar, sobre las aves del cielo, sobre los ganados, sobre toda la tierra, y sobre todo reptil que se arrastra sobre la tierra". Dios creó al hombre a imagen Suya, a imagen de Dios lo creó; varón y hembra los creó. Dios los bendijo y les dijo: "Sean fecundos y multiplíquense. Llenen la tierra y sométanla. Ejerzan dominio sobre los peces del mar, sobre las aves del cielo y sobre todo ser viviente que se mueve sobre la tierra"» (Gén. 1:26-28).

El relato no nos muestra ningún otro ser que llevara impresa la imagen de Dios. Ninguna

de las criaturas que habitaba aquel jardín perfecto era portadora de Su imagen, excepto estos dos. Tú y yo somos descendientes de esos primeros humanos. También hemos sido creados a imagen y semejanza de Dios, somos un reflejo de Él. No sé si te has detenido a pensar en profundidad en esa realidad. Va más allá de la comprensión humana el hecho de que el Dios Creador del universo haya puesto de sí en nosotros. Debido a esa realidad es que amamos, creamos, experimentamos alegría y tristeza, por eso nos asombramos ante la belleza, nos relacionamos con otras personas y también cultivamos la tierra y tenemos jurisdicción sobre la obra de Dios.

Génesis dice que Dios los creó y les entregó una ubicación maravillosa como un hermoso regalo. Era un lugar perfecto donde nada faltaba. Un lugar que podían disfrutar, explorar, también administrar y hacerlo productivo para albergar a la familia que ahora acababa de comenzar; allí se multiplicarían seguros porque contarían con todo lo necesario para prosperar. En ese lugar todo era bueno ¡y bueno en gran manera! (ver Gén. 1:31). Pero, sobre todas las cosas, se trataba de un lugar donde tendrían comunión continua con el Creador.

> **El jardín del Edén fue creado para que la criatura conociera al Creador, disfrutara estar en Su presencia y viviera para Su gloria.**

El jardín del Edén fue creado para que la criatura conociera al Creador, disfrutara estar en Su presencia y viviera para Su gloria. Dios así lo hizo por Su sola bondad. No lo necesitaba porque Dios existe en sí mismo, es perfecto y no necesita nada más para estar completo y satisfecho. Dios nunca se ha sentido solo ni ha tenido falta de nada. De hecho, la Escritura nos enseña que el Padre y el Hijo disfrutaban comunión entre sí desde antes de la fundación del mundo (Juan 17:24). Sin embargo, se deleitó en crearnos y en crear un mundo hermoso que sería nuestra casa y donde Él habitaría con nosotros. No nos puso en este bello planeta azul para dejarnos a la deriva. El plan siempre ha sido el mismo, es decir, Dios permaneciendo con nosotros porque somos Sus criaturas y lo único que realmente satisface nuestras almas es habitar en Su presencia. Sin Él, simplemente perecemos, como veremos en breve.

La siguiente página en la historia de la humanidad es triste, dolorosa y lo cambió todo. Los días de hermosa perfección, de comunión ininterrumpida entre Creador y criatura estaban por terminar. Sin embargo, no todo estaba perdido.

Para reflexionar

Te invito a meditar en el siguiente pasaje del libro de Salmos. Léelo en voz alta, ora con él. Alaba al Dios de la creación, al Dios que nos creó con propósito, Dios con nosotros.

Salmo 8

«¡Oh Señor, Señor nuestro,
Cuán glorioso es Tu nombre en toda la tierra,
Que has desplegado Tu gloria sobre los cielos!
Por boca de los infantes y de los niños
de pecho has establecido Tu fortaleza,
Por causa de Tus adversarios,
Para hacer cesar al enemigo y al vengativo.

Cuando veo Tus cielos, obra de Tus dedos,
La luna y las estrellas que Tú has establecido,
Digo: ¿Qué es el hombre para que
te acuerdes de él,
Y el hijo del hombre para que lo cuides?
¡Sin embargo, lo has hecho un poco menor
que los ángeles,
Y lo coronas de gloria y majestad!

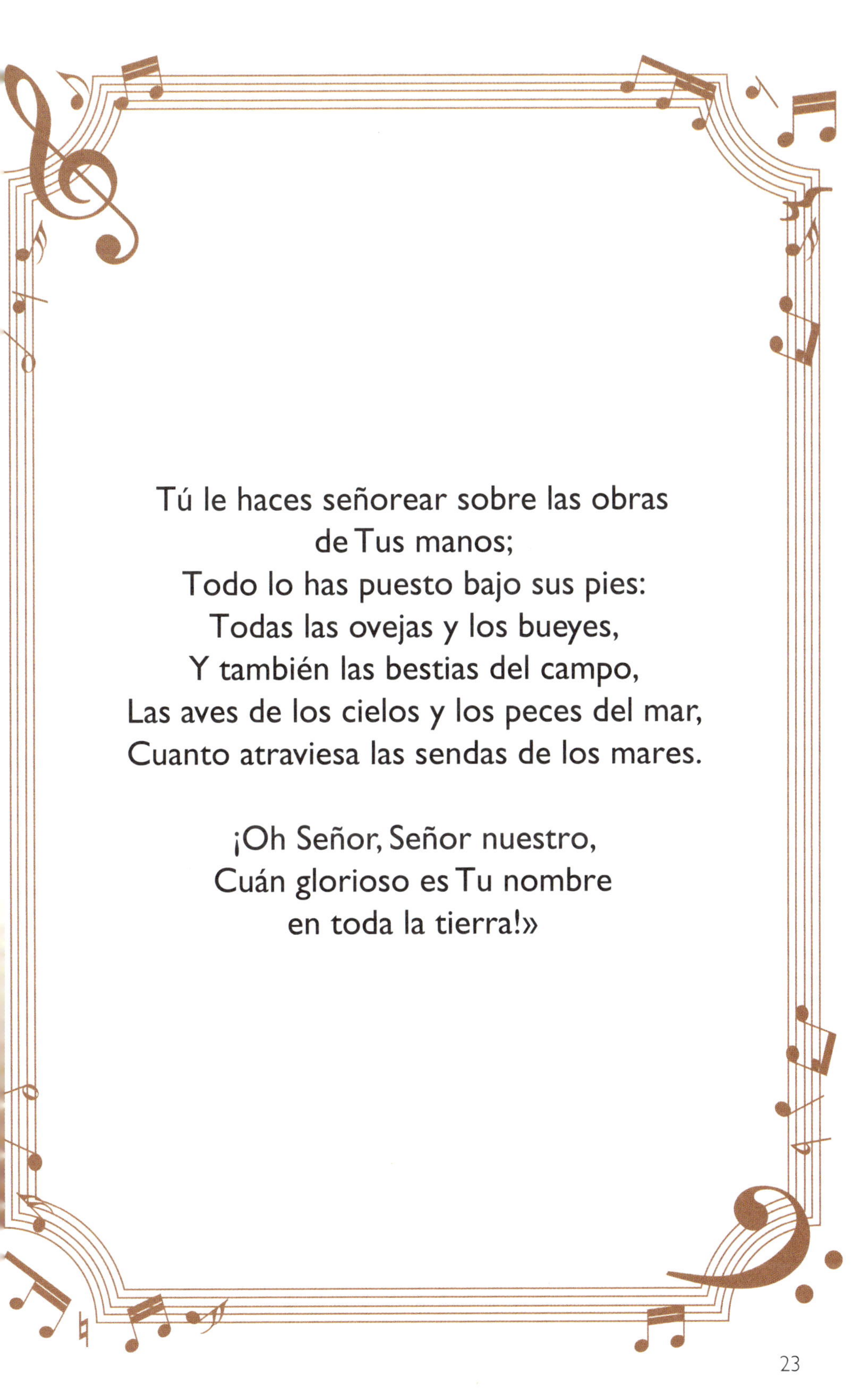

Tú le haces señorear sobre las obras
de Tus manos;
Todo lo has puesto bajo sus pies:
Todas las ovejas y los bueyes,
Y también las bestias del campo,
Las aves de los cielos y los peces del mar,
Cuanto atraviesa las sendas de los mares.

¡Oh Señor, Señor nuestro,
Cuán glorioso es Tu nombre
en toda la tierra!»

DÍA 2

Pondré enemistad
entre tú y
LA MUJER,
y entre tu
SIMIENTE Y SU SIMIENTE...

GÉN. 3:15a

Día 2

ENCUENTROS, EXILIO Y PROMESA

«Pondré enemistad
entre tú y la mujer,
y entre tu simiente y
su simiente;
Él te herirá
en la cabeza,
y tú lo herirás
en el talón»
(Gén. 3:15)

Hay encuentros que nos cambian la vida para bien. Hay otros que desearíamos que nunca hubieran ocurrido. Un encuentro indeseable ocurrió en aquel jardín hermoso. No sabemos si fue durante la mañana, la tarde o la noche, pero solo imagina a Eva dando un paseo por el Edén, probablemente distraída mirando flores o dando un mordisco a su fruta favorita. Adán estaba cerca, tal vez recostado sobre un árbol. De repente ocurre un encuentro funesto que leemos en el tercer capítulo de Génesis. Te invito a que hagas una pausa en la lectura de este libro y leas ese capítulo con detenimiento.

Sabemos que todo lo que Dios había creado era bueno. De manera que, originalmente, también lo era este animal. Desconocemos cómo fue la serpiente poseída por el mal, el relato bíblico no lo dice. Pero lo que sí queda claro es que el huerto del Edén, aquel jardín hermoso, se convirtió en este momento en un terreno donde hubo un encuentro entre el bien y el mal. Un poder maligno se apoderó de la serpiente para convertirla en la voz del tentador. Con preguntas torcidas y medias verdades, la serpiente sutil cuestionó lo que Dios había dicho a Sus criaturas, la orden que les había dado con una claridad absoluta. Lamentablemente, Eva creyó la mentira de que había un camino mejor que aquel que el Creador había trazado. Ella creyó que su propia voluntad era más sabia. Miró a su alrededor, luego al árbol prohibido y decidió que todo lo que Dios les había dado no era suficiente, ¡ella quería ser igual a Él! Arrancó el fruto del único árbol que les había sido vedado. Mientras lo saboreaba, extendió el brazo y lo ofreció a Adán, y él también comió.

En lugar del resultado prometido por la serpiente, un sentimiento desconocido se apoderó de ellos: ¡la vergüenza! Corrieron a cubrir la desnudez de la que antes ni siquiera estaban conscientes. Esto no debe sorprendernos porque el pecado, al final, siempre nos produce vergüenza y nos lleva a escondernos, ya sea tras el orgullo, la mentira o cualquier otra vía que nos ofrezca una salida, aunque sea temporal. Quizá fue el sonido suave de las hojas de los árboles o el susurro del viento lo que los alertó. Me imagino sus corazones acelerados mientras corrían a esconderse. El Señor se acercaba. Otro encuentro. Este también cambiaría sus vidas.

> «Pero el Señor Dios llamó al hombre y le dijo: "¿Dónde estás?"» (Gén. 3:9).

¿Crees que Dios no sabía dónde estaba Adán? ¡Claro que sí lo sabía! Él es Dios y todo lo sabe. El Señor no deja de sorprendernos porque fue Él quien dio el primer paso, quien salió a buscar a Sus criaturas avergonzadas, desobedientes y temerosas. Aunque habría terribles consecuencias para lo que acababan de hacer, Él vino al rescate de este hombre y esta mujer que ahora se veían en un callejón sin salida. Ese ha sido el plan desde el principio y Dios no abandonaría a Sus criaturas. Lo que sucedió en Edén no era un plan B de emergencia producto de un plan A fallido. No, Dios lo orquestó todo desde la eternidad:

> «Porque Dios nos escogió en Cristo antes de la fundación del mundo, para que fuéramos santos y sin mancha delante de Él» (Ef. 1:4).

No obstante, la desobediencia siempre tiene un precio, y desobedecer a un Dios santo

tiene un precio mucho más alto. Adán y Eva fueron expulsados del hermoso jardín que hasta entonces habían disfrutado y nunca más podrían regresar. La tierra que antes producía fruto ahora era maldita; obtener el fruto de las cosechas le costaría al hombre el sudor de la frente. Tener hijos sería una tarea muy dolorosa para las mujeres y también sufriría cambios la relación que había gozado con su esposo. Sin embargo, estas no fueron las peores consecuencias. El encuentro con la serpiente y la desobediencia de los primeros humanos trajeron como resultado la muerte física y espiritual. El hombre y Dios ya no podrían tener la misma relación porque los pecadores no podemos estar en presencia de un Dios tres veces santo. Esa comunión que disfrutaban quedó interrumpida y rota.

Pero ese relato no termina con una catástrofe sin remedio ni tampoco implica el fin. Recordemos que se trata de Dios y Él no deja a la deriva a Su creación porque es fiel y bueno, la creación fue hecha para Su gloria y siempre hubo un plan redentor. Si perdemos los detalles de este capítulo nos arriesgamos a perdernos lo mejor, la razón por la cual digo que no termina en catástrofe. Me refiero a la promesa de Dios, entretejida entre las sentencias de castigo por el pecado:

> «Pondré enemistad entre tú y la mujer,
> y entre tu simiente y la de ella;
> su simiente te aplastará la cabeza,
> pero tú le morderás el talón»
> (Gén. 3:15, NVI).

No puedo evitar pensar en la ironía que se presenta cuando vemos que la promesa que traía esperanza para la humanidad fue hecha justo a la serpiente. En aquel momento quedó de cierto modo plasmado el pacto de Dios: sería aplastado quien había traído el pecado al mundo. Alguien que vendría de la misma Eva, un descendiente, su simiente, acabaría con el enemigo de la creación y la criatura. Aquí se nos presenta la primera sombra del evangelio, ¡la primera buena noticia! Si bien hubo un encuentro nefasto en el Edén, también hubo un encuentro de gracia y misericordia que no solo alcanzó a Adán y a Eva, sino que nos alcanza a ti y a mí hasta el día de hoy.

Dios no solo salió a buscar a Sus criaturas desobedientes, sino que también les hizo saber que lo sucedido no era el final. Él proveyó para ellos como Padre amoroso; los cubrió con pieles. La analogía es inevitable porque se supone que las pieles vinieron del sacrificio de algún animal. La sangre derramada cubrió la vergüenza que el pecado había provocado. Ellos no lo sabían, pero a partir de entonces los sacrificios serían parte de la historia porque no hay perdón de pecados sin derramamiento de sangre. Ese acto sacrificial se repetiría una y otra vez en la expectativa de la llegada de Emmanuel, Dios con nosotros, cuando por Su obra redentora la culpa sería borrada y la deuda pagada para siempre.

Para reflexionar

¿Cómo cambia o afirma tu entendimiento del evangelio lo sucedido en Génesis 3?

Lee Efesios 1:3-6 y haz de ese texto una oración personal.

✳ **DÍA 3** ✳

«**Pongo Mi**

ARCO

en las nubes

y será por señal

de Mi pacto

CON LA TIERRA»

Gén. 9:13

Día 3

UN SEGUNDO COMIENZO

«Pongo Mi arco en las nubes y será por señal de Mi pacto con la tierra» (Gén. 6:13).

La historia de nuestros primeros padres fue de mal en peor. Entre los siguientes dos capítulos después de su caída tenemos relatos de celos, asesinatos y familias rotas. Al leerlo te darás cuenta de que en toda esa oscuridad el único destello de luz se reduce a una pequeña sección que habla de un hombre llamado Enoc. Allí se nos dice que «Enoc anduvo con Dios» (Gén. 5:24). Este hombre no pasó por el umbral de la muerte, sino que simplemente desapareció. Me aventuro a decir que la situación del mundo era tan precaria que el Dios misericordioso se lo llevó con Él.

El pecado había alcanzado tal magnitud en los corazones de los seres humanos que sus únicas intenciones eran siempre malas (Gén. 6:5). Dios no pudo tolerarlo más y decidió borrar literalmente todo. Pero no debemos olvidar que Él también había hecho una promesa. Su cumplimiento requería que el curso de la historia continuara con el linaje de Adán y Eva. Así que, en Su gracia inexplicable, escogió a un hombre: Noé.

Noé, al igual que Enoc, también andaba con Dios. Él vivía con rectitud en medio de una generación perversa. Dios lo escoge para una tarea de preservación humana. Noé y su familia entrarían a un arca construida por mandato de Dios. Un arca que, me imagino, sería motivo de risa o burla para los vecinos malvados que observaban de lejos un poco perplejos porque no entendían la razón para tamaña construcción. Sin embargo, el Señor había diseñado esa arca como un refugio temporal para la humanidad durante los largos días y hasta meses que duraría el inmenso cataclismo que caería sobre la tierra. Empezaría con una lluvia incesante y luego con una completa inundación. Esa arca que Dios ordenó construir sería la salvación para Noé y su familia en un tiempo de juicio universal.

Pero Dios no solo le dio a Noé la orden de construir el arca y entrar. El mandato vino acompañado de una promesa: «Pero estableceré Mi pacto contigo» (Gén. 6:18). Es muy probable que Noé no supiera a qué se refería Dios, pero caminaba con Él, confiaba y esperaría en Él mientras le obedecía.

Siete días después de haber entrado al arca, el cielo se oscureció, los relámpagos iluminaron el firmamento que retumbaba con los truenos, y las nubes cargadas de agua se encapotaron sobre la tierra. Nunca se había visto nada igual. El diluvio comenzó con un par de gotas y luego «todas las fuentes del gran abismo, y las compuertas del cielo fueron abiertas» (Gén. 6:11). Si unos pocos días de lluvia son suficientes para provocar inundaciones, deslaves, derrumbes y arrastrar todo a su paso, ¡imagínate cómo sería después de cuarenta días! Bueno, no hay que imaginarlo, la Biblia nos dice exactamente lo que sucedió. Las aguas subieron, subieron y subieron un poco más, hasta cubrir los montes. Toda ave y animal terrestre, todo ser viviente pereció. La Biblia nos dice que Dios los exterminó y solo quedaron Noé, su familia y los animales que llevaba en el arca. Mientras tanto, los aguaceros continuaban y el arca flotaba. Así fue durante cuarenta días.

Por cierto, si alguna vez dudaste de que Dios estuviera también detrás de las calamidades, este texto es un buen recordatorio de que no hay situación en el universo que le sea ajena. No quiero decir que Él sea la causa del mal ni que

se deleite en ello, sino que es un Dios soberano, justo, que gobierna sobre todo: «Nuestro Dios está en los cielos; Él hace lo que le place» (Sal. 115:3). En cada uno de los eventos que suceden de este lado del sol está el propósito de Dios que siempre redunda para Su gloria. Aun en medio del dolor y los desastres, Dios nos muestra Su misericordia y gracia, tal como lo experimentó Noé junto a su familia. Así lo experimentamos nosotros también porque esa gracia nos alcanza todavía hoy. Él es un Dios fiel a Su palabra y por eso dice que «se acordó de Noé» (Gén. 8:1). Esta frase no significa que se hubiera olvidado de él, sino que acudió en su ayuda. Envió el viento que hizo disminuir las aguas, detuvo la lluvia y poco a poco comenzó a vislumbrarse la superficie de la tierra. Por fin Noé y su familia pudieron salir del arca luego de un período largo de tiempo.

Lo primero que hizo Noé una vez que estaban en tierra firme es un reflejo del carácter de un hombre que caminaba con Dios y vivía rectamente. Él ofreció un sacrificio al Señor (Gén. 8:18-20). El Señor se agrada con la actitud de Su siervo y hace realidad lo que le había prometido. Anuncia Su pacto con Noé y con su descendencia que vendría después. Lo maravilloso de este pacto es que Dios no solo lo pronunció, sino que dejó un recordatorio visible para todos, incluso para nosotros que no estuvimos allí:

> «También dijo Dios: "Esta es la señal del pacto que Yo hago con ustedes y todo ser viviente que está con ustedes, por todas las generaciones: Pongo Mi arco en las nubes y será por señal de Mi pacto con la tierra. Y acontecerá que cuando haga venir nubes sobre la tierra, se verá el arco en las nubes,

> y me acordaré de Mi pacto, con ustedes y con todo ser viviente de toda carne. Nunca más se convertirán las aguas en diluvio para destruir toda carne. Cuando el arco esté en las nubes, lo miraré para acordarme del pacto eterno entre Dios y todo ser viviente de toda carne que está sobre la tierra"» (Gén. 9:12-16).

¡Ese es el verdadero significado del arco iris, el precioso arco de colores que adorna el cielo en días de lluvia! Es una señal de la fidelidad de Dios y de Su promesa. No se trata de un contrato entre partes iguales, sino un pacto donde el Señor se compromete a nuestro favor y sin merecerlo. El mismo Dios que trajo el diluvio sobre la tierra y juzgó la maldad, es el Dios que proveyó el arca para salvar a aquella familia que continuaría con la historia de la humanidad. Él los rescató, porque eso es lo que prometió desde el principio y Dios no cambia. No los abandonó porque Él es Dios con nosotros.

En cierta manera, este fue un segundo comienzo y una segunda oportunidad para la humanidad caída. De hecho, recibieron un mandato muy similar al de los primeros pobladores de la tierra: ser fecundos, multiplicarse (Gén. 9:7). Lamentablemente, el pecado heredado por Noé y los suyos dejó sus huellas. No fueron la familia perfecta, como descubriremos muy rápidamente al seguir leyendo la historia bíblica. Ellos no eran los salvadores de la raza humana. El pecado también sería heredado por quienes les siguieron. La historia todavía tendría muchos momentos oscuros y tristes, de esos que nos dejan sin aliento. La serpiente seguía causando estragos y todavía no llegaba aquel que aplastaría su cabeza. Pero la promesa estaba hecha y el pacto había sido sellado en el cielo.

Para reflexionar

¿En qué sentido puede traernos consuelo la aparición del arco iris en el cielo?

¿Qué aprendiste sobre el carácter de Dios en esta lectura?

DÍA 4
Estableceré Mi
PACTO
Contigo y con
TU DESCENDENCIA
después de ti,
POR TODAS
SUS GENERACIONES...
Gén. 17:7a

Día 4

UN PACTO, UN PASO DE FE

«Estableceré Mi pacto contigo y con tu descendencia después de ti, por todas sus generaciones, por pacto eterno, de ser Dios tuyo y de toda tu descendencia después de ti» (Gén. 17:7)

La Biblia, especialmente el Antiguo Testamento, contiene largas listas de nombres relacionados entre sí. Se las denomina genealogías y básicamente nos informan sobre quién es hijo de quién y quién se casó con quién. Aunque la tentación a menudo es saltarnos esos pasajes, es importante leerlos porque nos permiten seguir la línea de la historia bíblica.

Ahora nos encontramos con la descendencia de Sem, uno de los hijos de Noé (Gén. 11). Pasaron varias generaciones después de Sem hasta que llega Taré, quien sería el padre de Abram. Esta familia vivía en Ur de los caldeos, una ciudad al sur de Babilonia, el Irak moderno. Allí Abram se casó con Sarai, pero no habían podido tener hijos. Por razones que no se nos revelan, Taré decidió mudar a su familia a Canaán, aunque se quedaron a medio camino en un lugar llamado Harán, actualmente en Turquía.

Imagina que Dios te diga: «Empaca todo lo que tienes y sal con tu familia, los voy a llevar a otro lugar». De seguro te has dado cuenta de que en esa declaración falta un detalle súper importante… ¡el destino! Así fue la orden que Dios le dio a Abram, sin más detalles. No le dijo dónde se encontraba el nuevo lugar al que marchaban; solo le dio un mandato. Pero junto con el mandato de mudarse a ese otro lugar, le hizo un anuncio importante, algo que se conoce como el pacto abrahámico:

> «Vete de tu tierra,
> De entre tus parientes
> Y de la casa de tu padre,
> A la tierra que Yo te mostraré.

Haré de ti una nación grande,
Y te bendeciré,
Engrandeceré tu nombre,
Y serás bendición.
Bendeciré a los que te bendigan,
Y al que te maldiga, maldeciré.
En ti serán benditas todas las familias
de la tierra» (Gén. 12:1-3).

Dios está comprometiéndose una vez más. Canaán es la tierra a la que los llevaría y allí los empezaría a convertir en un pueblo grande, Su pueblo. La bendición que recibirían sería tal que llegaría hasta todas las familias de la tierra. En el plan de Dios no solo estaban los descendientes directos de Abram, sino gente de «toda tribu, lengua y nación» (Apoc. 7:9). En contraste con la maldición recibida por Adán y Eva (Gén. 3), aquí una y otra vez se repite la idea de que Dios haría esto para traer bendición.

Mediante una serie de eventos y situaciones, algunos más honorables que otros, Abraham y la familia que lo acompañaba se establecen en el lugar ordenado por Dios, donde Él los bendice y hace prosperar su trabajo y sus posesiones. Sin embargo, la promesa de bendecir a través de Él a todas las familias de la tierra implicaba que tuviera su propia descendencia, pero los años pasaban, Abram era un anciano y no llegaban los hijos. Dios, por Su parte, seguía aseverando que su descendencia sería tan numerosa como la arena del mar o las estrellas que adornan el cielo (Gén. 15).

Como el reloj avanzaba, los días transcurrían y el hijo no llegaba, Sarai, la esposa de Abram, le propone un plan para tratar de acelerar

el proceso. Un plan fatídico, como todos los planes que intentamos hacer creyendo que serán mejores que los de Dios. De aquel plan resultó un hijo entre Abram y Agar, una sierva de Sara. Aunque era una solución cultural aceptada en ese tiempo, igual la familia entró en una tensión que supera a la mejor novela actual. Es un recordatorio para nosotros de que Dios no necesita nuestra ayuda para cumplir Sus propósitos y que, cuando lo intentamos, terminamos arruinándolo todo. No obstante, nuestro Dios es tan paciente, misericordioso y fiel que, en lugar de dejar a Abram y a Sarai abandonados a su suerte en aquel lugar, les confirma Su pacto ¡y hasta el nombre les cambió! Ahora serían Abraham y Sara.

> «Estableceré Mi pacto contigo y con tu descendencia después de ti, por todas sus generaciones, por pacto eterno, de ser Dios tuyo y de toda tu descendencia después de ti. Y te daré a ti, y a tu descendencia después de ti, la tierra de tus peregrinaciones, toda la tierra de Canaán como posesión perpetua. Y Yo seré su Dios» (Gén. 17:6-8).

El Señor estableció la circuncisión de cada hijo varón como la señal externa de este pacto. Dios ratificaría el pacto en varias ocasiones a lo largo de la vida de Abraham, como para recordarles lo que involucra que ahora Él sea su Dios y ellos Su pueblo. No habían hecho nada para merecerlo, pero Dios los escogió para, por medio de ellos, formar para sí un pueblo aún mayor. Abraham y Sara llegaron a ser los padres de Isaac, un hijo que llegó en su vejez. Un hijo que fue causa de regocijo, el cumplimiento de la promesa de Dios. El hijo que les recordaba con su sola presencia que Dios estaba con ellos.

Para Abraham todo puede haber parecido como un gran imposible en términos humanos, pero creyó a Dios. ¡Y Dios se lo reconoció por justicia!

> «Sin embargo, respecto a la promesa de Dios, Abraham no titubeó con incredulidad, sino que se fortaleció en fe, dando gloria a Dios, estando plenamente convencido de que lo que Dios había prometido, poderoso era también para cumplirlo. Por lo cual también su fe le fue contada por justicia» (Rom. 4:20-22).

Todo esto fue un asunto de fe. Esa es la única manera. El camino a Dios solo es por fe en Sus promesas. Para Abram fue fe en lo que Dios le prometió y para nosotros se trata de fe en la obra de Cristo. El camino siempre implicará un paso de fe.

Aunque ellos no lo sabían ni podían siquiera imaginarlo, todo lo que estaba sucediendo era parte de un plan infinitamente mayor. Un plan que se había orquestado desde la eternidad. Ellos y sus descendientes serían los ancestros de Aquel que fue prometido en Edén.
Dios nunca olvida Sus promesas. La historia seguía su curso, aun cuando todavía quedaban muchos capítulos por vivir. La lucha entre la simiente de Eva y la de la serpiente era muy real. Pero el pacto no cambiaría. Dios estaba con ellos y está con nosotros.

Para reflexionar

¿Qué quiere decir que la fe de Abraham le fue contada por justicia?

Lee Romanos 4:20-25. ¿Qué esperanza tenemos nosotros ahora según este pasaje?

DÍA 5

Ustedes pensaron

HACERME MAL,

pero Dios

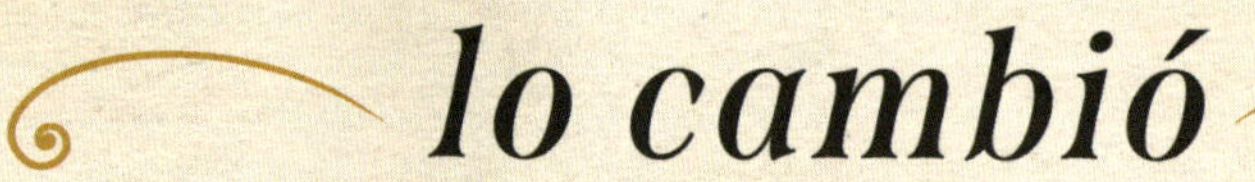
lo cambió
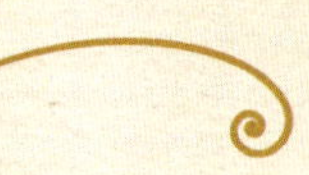

EN BIEN...

GÉN. 50:20a

Día 5

EL MAL QUE DIOS USÓ PARA BIEN

«Ustedes pensaron hacerme mal, pero Dios lo cambió en bien para que sucediera como vemos hoy, y se preservara la vida de mucha gente» (Gén. 50:20).

Génesis contiene material suficiente para filmar varias películas. El próximo capítulo en la historia que estamos siguiendo nos presenta a Abraham, ya anciano, haciendo arreglos para que su hijo no se casara con una mujer del lugar donde vivían sino con una de entre sus parientes. Le encomendó esa tarea de búsqueda a su mayordomo. La manera en que todo sucede muestra sin lugar a duda la mano de Dios dirigiendo el proceso. El siervo viaja unos 900 km para encontrarse de forma providencial con Rebeca, nieta de Nacor, hermano de Abraham.

La Biblia pocas veces nos describe el físico de las personas, pero en este caso sí señala que se trata una joven hermosa (Gén. 24:16). La historia permite inferir que también era bondadosa porque conlleva un acto de bondad ofrecerse a sacar agua para los diez camellos de un desconocido, sobre todo si tenemos en cuenta que un camello puede beber ¡hasta 150 litros de agua de una vez! Eso fue justo lo que hizo Rebeca y ese tipo de respuesta amable también era lo que el siervo le había pedido a Dios como señal de haber encontrado a la joven indicada. Dios estaba involucrado en el asunto.

Para ella era un día común y corriente, pero para Dios sería el día en que Rebeca comenzaría a ser parte de una gran historia. Poco tiempo después, con la bendición de su familia, Rebeca partió hacia Canaán para casarse con Isaac. Fue algo como amor a primera vista. Él la amó y ella fue fuente de consuelo para su esposo quien había perdido a su madre (Gén. 24:61-67). Pero volvió a repetirse en

Isaac y Rebeca la infertilidad que por tantos años sufrieron Abraham y Sara. Es hermoso que el relato bíblico cuente que Isaac oró a Dios a favor de su esposa (Gén. 25:21-22). ¡Dios concedió su petición! Rebeca quedó embarazada y no de uno, sino de dos bebés. Al mayor llamaron Esaú y al menor, Jacob.

Las historias de estos hermanos están entretejidas con celos, mentiras, odio, venganza, dolor, traición y rencor. Dios le había revelado a Rebeca durante su embarazo que el mayor quedaría a merced del menor. ¿Por qué? No lo sabemos, pero sería a través de este hijo menor –cuyo nombre significa «engañador»– que nuestra historia continuaría y recalcaría la gracia, la soberanía y la providencia de Dios en el cumplimiento de Su plan. Jacob y Rebeca idearon una serie de tretas para lograr que el anciano Isaac entregara su bendición de primogenitura a Jacob. Como era de esperarse, esto enfureció a Esaú. Jacob temió la venganza de su hermano y por eso huyó a refugiarse a la tierra de su madre Rebeca.

Si todo lo que hasta aquí hemos contado te parece una película de las que atraen a miles de espectadores, el próximo episodio es material para la continuación de la saga. El engañador será engañado en la casa de su tío Labán. Su corazón quedó prendado de Raquel, sin embargo, el tío lo embaucó y lo hizo casarse primero con Lea, la hermana mayor de Raquel. Estas dos hermanas se lanzan a una guerra en la que luchaban por ganar el amor y la atención del esposo. La competencia se centra en la cantidad de hijos que cada una podía darle al jefe de familia. Los años pasaron y Jacob tuvo

doce hijos en medio de corazones rotos, rivalidades, inseguridades, temores y amor compartido.

Dios lleva a Jacob de regreso a Canaán con toda su familia y los bienes que acumuló durante su tiempo en las tierras de su suegro. Durante el trayecto ocurre un encuentro fascinante que no podemos pasar por alto. En un lugar llamado Betel, Dios se le aparece a Jacob –el suplantador, engañador, padre de una familia más que disfuncional– y le dice algo que nos recuerda las palabras dichas a su abuelo Abraham:

> «Tu nombre es Jacob;
> No te llamarás más Jacob,
> Sino que tu nombre será Israel».
> Y le puso el nombre de Israel.
> También le dijo Dios:
>
> «Yo soy el Dios Todopoderoso.
> Sé fecundo y multiplícate;
> Una nación y multitud de naciones vendrán de ti,
> Y reyes saldrán de tus entrañas.
> La tierra que les di a Abraham y a Isaac,
> Te la daré a ti
> Y a tu descendencia después de ti»
> (Gén. 35:9-12).

Es muy cierto que Dios no escoge a quienes va a usar por sus propios méritos. No había nada digno de reconocimiento en el currículo de vida de Jacob. Pero Dios tenía un plan y este hombre era parte de ese plan. El cambio de nombre era también para darle una nueva identidad. Las palabras de Dios implican que Jacob, un heredero improbable, está dentro de la promesa junto a su abuelo Abraham y su padre Isaac. La promesa y el pacto de Dios no han cambiado y se mantienen por Su gracia y soberanía. No dependía del desempeño de estos humanos pecadores sino de la fidelidad de Dios.

Los hijos fueron creciendo y también creció el drama entre la familia de Jacob. José, uno de sus doce hijos y uno de los dos hijos de Raquel, era el favorito de Jacob. Como era de esperarse, esta predilección particular no era bien recibida por el resto de los hermanos. Pero los celos se convirtieron en odio cuando José les cuenta a sus hermanos los sueños que había estado teniendo. Todo parecía apuntar a un futuro donde aparentemente él reinaría sobre ellos. No debemos olvidar que la serpiente seguía siseando su maldad, el pecado de Edén no ha mermado, todo lo contrario, se sigue manifestando entre los humanos. En un arranque de celos y venganza, los hermanos vendieron a José como esclavo a unos comerciantes egipcios. Para justificar su ausencia, engañaron a Isaac fingiendo la muerte del hermano.

Lejos estaba de ellos imaginar que redundaría para bien lo que tramaron para mal. Dios tenía un plan con José que nadie podía torcer porque, no lo olvidemos, esta es Su historia. El joven de diecisiete años se vio en situaciones que jamás pudo sospechar. De siervo, a mayordomo, a prisionero en un calabozo, a jefe de los prisioneros, a segundo al mando después de faraón. ¿Y sabes cuál es la frase que se repite a lo largo de todas las vicisitudes en la vida de José? «Dios estaba con él» (Gén. 39:2, 21, 23).

Dios le había revelado en sueños al faraón que vendría una hambruna, un sueño que José interpretó. Cuando el hambre llega a la tierra de Canaán, la familia de José acude a Egipto en busca de alimento. Una nueva serie de eventos dramáticos tuvo lugar y, finalmente, Isaac y toda su familia viajaron a Egipto para vivir bajo el amparo de José. Tal y como lo había presagiado aquel sueño de su adolescencia. Lo que tal vez ninguno de ellos podía imaginar era que las palabras de Dios a Abraham estaban por cumplirse:

> «Ten por cierto que tus descendientes serán extranjeros en una tierra que no es suya, donde serán esclavizados y oprimidos durante 400 años. Pero Yo también juzgaré a la nación a la cual servirán, y después saldrán de allí con grandes riquezas» (Gén. 15:13-14).

En unos años, la oscuridad volvería a cernirse. El siseo de la serpiente se volvería aterrador. Sin embargo, Dios estaría con ellos, como también estuvo con José. No los dejaría solos, ni tampoco se detendría el plan redentor.

Para Reflexionar

¿Qué enseña lo que hemos visto hasta aquí sobre el plan de Dios y Su promesa en Edén?

¿Te has visto alguna vez en una situación en la que creíste que Dios te había abandonado? ¿Cómo podría servirte de aliento la lectura de hoy?

DÍA 6

Y el Señor dijo:

«Ciertamente he visto

LA AFLICCIÓN

de Mi pueblo

QUE ESTÁ EN EGIPTO,

y he escuchado su clamor...»

EX. 3:7

Día 6
MISIÓN DE RESCATE

«Y el Señor dijo: "Ciertamente he visto la aflicción de Mi pueblo que está en Egipto, y he escuchado su clamor a causa de sus capataces, pues estoy consciente de sus sufrimientos"» (Ex. 3:7).

Los israelitas se multiplicaron, llenaron la tierra y se hicieron poderosos en Egipto (Ex. 1:6-7). La generación que convivió con José había quedado atrás. Todo lo que hizo a favor de aquella nación quedó en el olvido y un nuevo rey, que no sabía de José, se sintió amenazado por este otro pueblo vibrante que habitaba entre ellos (Ex. 1:8-10). Para evitar que adquirieran más poder y llegaran a ser sus enemigos, los oprimieron con trabajo forzado. Comenzaron a cobrar vida las palabras de Dios a Abraham que mencionamos ayer.

Sin embargo, cuando se trata de los planes de Dios, a menudo los resultados son impredecibles. La orden de faraón produjo un resultado impensado: «cuanto más los oprimían, más se multiplicaban y más se extendían» (Ex. 1:12). Esa resiliencia provocó mayor opresión, al punto que «les amargaron la vida con dura servidumbre en hacer barro y ladrillos y en toda clase de trabajo del campo. Todos sus trabajos se los imponían con rigor» (Ex. 1:13-14). Estaban sufriendo a manos de un rey que era una personificación de la mismísima serpiente que conocimos en Génesis. Su próximo paso fue aún más cruel porque decretó la muerte de todos los bebés varones que nacieran dentro del pueblo de Israel. Esta orden era tan inhumana que las parteras encargadas en el pueblo hebreo temieron a Dios y no se hicieron cómplices de tal genocidio. Dios les mostró favor por tal decisión (Ex. 1:21) y el pueblo continuó creciendo.

No debemos olvidar que este es el pueblo a través del cual Dios bendeciría a todas las naciones de la tierra. A través de ellos vendría quien destruiría a la serpiente. Entonces, no es extraño que el maligno intente usar todo lo que fuera necesario para aniquilarlos. El faraón aumentó todavía más su maldad y decretó que todo hijo varón fuera arrojado al Nilo (Ex. 1:22). Soy madre y no puedo ni imaginar la angustia permanente durante el embarazo que se materializa con el horror de descubrir que el bebé que estuvo en el vientre todos esos meses tenía que morir ahogado solo por ser varón. El sufrimiento estaba alcanzando proporciones desgarradoras e insuperables. Pero Dios no estaba ajeno al dolor de Su pueblo. El plan está en acción y Dios no tardará en manifestarse con poder.

Mientras tanto, una mamá desesperada colocó en una canasta al bebé varón que Dios le había dado y lo ocultó entre los juncos del río. Supongo que su esperanza era que algo sucediera que impidiera la muerte de su hijo. Por la providencia de Dios, ese bebé terminaría no corriente abajo, sino en la casa del propio faraón. Su hija lo encontró y sintió compasión por el pequeño. Lo menos que la mamá de este bebé imaginaba era que podría amamantarlo, criarlo, ¡y encima recibir un salario por hacerlo! Este es un dato importante porque el pueblo hebreo vivía esclavizado. Un salario implicaba un mejor sustento para la familia.

La hija del faraón llamó Moisés al bebé que encontró entre los juncos del Nilo. Este nombre en hebreo suena como el verbo «sacar» y en egipcio se asemeja a la palabra «hijo». Fue por providencia divina que Moisés creció entre el esplendor del palacio faraónico, pero también conoció su herencia

como israelita. Aunque vivió entre la nobleza egipcia, eso no le impidió ser testigo del sufrimiento de sus compatriotas. Un día tomó la justicia en sus manos y mató a un egipcio abusador. Como nada hay oculto debajo del sol, alguien lo vio y el acontecimiento llegó a Faraón, quien no lo iba a pasar por alto. La única alternativa era huir y eso fue lo que hizo. Dejándolo todo se fue hacia la tierra de Madián, muy lejos de Egipto.

Al llegar, se sentó junto a un pozo y allí tuvo un encuentro que, al final, resultó en matrimonio. El sacerdote del lugar, en lo que parece una muestra de gratitud por la ayuda brindada, le dio a una de sus hijas en matrimonio. Moisés las había defendido ante el maltrato de unos pastores (Ex. 2:16-22). El tiempo pasó, en Egipto murió el faraón y los israelitas clamaban a Dios a consecuencia de su sufrimiento. Así como leímos en el relato de Noé, Dios se acordó, pero en este caso se acordó del pacto que había hecho con Abraham (Ex. 2:24). Es importante recalcar que no significa que los hubiera olvidado, sino que es la manera bíblica de decirnos que Dios va a actuar y acudirá en su ayuda: «Dios miró a los israelitas y los tuvo en cuenta» (Ex. 2:25). Sirva esta afirmación como recordatorio a todos nosotros de que Él siempre nos observa y nuestro dolor no le es ajeno. Él es El Roi, «un Dios que ve».[1]

Moisés se dedicó al trabajo pastoral durante su estancia en Madián. Mientras apacentaba el rebaño de Jetro, su suegro, llegó a un monte que luego conoceremos como el monte Sinaí. Allí ocurre algo demasiado extraño

---

1. Estas fueron las palabras de Agar cuando fue rescatada por el Señor en el desierto cuando huía de Sara (Gén. 16:13).

como para no llamar la atención de quien lo presenciara. Una llama de fuego ardía en medio de una zarza, pero la planta no se quemaba. Lo que estaba a punto de suceder transformaría la vida de Moisés para siempre. La historia de redención alcanzaría otro momento cumbre porque Moisés tiene un encuentro con Dios en ese lugar. Las primeras palabras que escucha son un recordatorio del pacto hecho siglos atrás:

> «Yo soy el Dios de tu padre, el Dios de Abraham, el Dios de Isaac y el Dios de Jacob. [...] Ciertamente he visto la aflicción de Mi pueblo que está en Egipto, y he escuchado su clamor a causa de sus capataces, pues estoy consciente de sus sufrimientos. Así que he descendido para librarlos de mano de los egipcios, y para sacarlos de aquella tierra a una tierra buena y espaciosa, a una tierra que mana leche y miel, al lugar de los cananeos, de los hititas, de los amorreos, de los ferezeos, de los heveos y de los jebuseos.
>
> Y ahora, el clamor de los israelitas ha llegado hasta Mí, y además he visto la opresión con que los egipcios los oprimen. Ahora pues, ven y te enviaré a Faraón, para que saques a Mi pueblo, a los israelitas, de Egipto» (Ex. 3:6-10).

Pero Moisés había salido huyendo de Egipto por temor a Faraón, ¿cómo iba a regresar? Los egipcios lo querían matar y entre los israelitas tampoco había sido muy popular. Ahora era solo un pastor que no tenía ni los medios ni la preparación para enfrentarse a alguien así. Al menos, eso era lo que Moisés creía y, claro, por sus propios medios era imposible. No obstante, Dios tenía una respuesta

muy diferente para todos sus temores, una respuesta que es a la vez el tema de la historia que la Biblia nos narra y que estamos siguiendo en este libro. Mira cómo responde Dios para acallar los temores de Moisés:

> «Ciertamente Yo estaré contigo»
> (Ex. 3:12).

El Dios que ha estado con Su pueblo desde el principio, estaría ahora también con él. Sin embargo, Moisés suponía que su pueblo probablemente dudaría si tan solo se presentaba y les decía que el Dios de sus antepasados lo había enviado a ellos. De seguro no había olvidado que ellos lo rechazaron cuando trató de ayudarlos. Moisés le plantea esa duda y la respuesta de Dios es contundente:

> «Y dijo Dios a Moisés: "YO SOY EL QUE SOY", y añadió: "Así dirás a los israelitas: 'YO SOY me ha enviado a ustedes'". Dijo además Dios a Moisés: "Así dirás a los israelitas: 'El Señor, el Dios de sus padres, el Dios de Abraham, el Dios de Isaac y el Dios de Jacob, me ha enviado a ustedes'. Este es Mi nombre para siempre, y con él se hará memoria de Mí de generación en generación"» (Gén. 3:14-15).

Hasta este momento Dios no se había revelado a sí mismo de esa manera. Ahora dio a conocer Su nombre más sagrado, el más personal, el que aludía a la relación que estaba estableciendo con los suyos. Es el nombre que en muchas Biblias se ha traducido como Jehová o Yahvéh, y en muchos otros casos como EL SEÑOR. Dios estaba anunciando con este nombre que Él es el Dios de la historia, que está con ellos y que estaría con ellos porque otra manera de traducir «Yo soy el que soy» es «Yo soy el que seré».[2] Dios estaba revelando Su carácter eterno y Su intención de ser fiel al plan de redención que desde el comienzo había prometido a Su pueblo.

Dios designó de forma soberana a Moisés, el niño al que preservó la vida entre los juncos del Nilo, para liderar la misión de rescate y cumplir con lo que había dicho a su antepasado Abraham. Estaba por terminar el sufrimiento bajo la personificación de la serpiente en Egipto.

El gran YO SOY
estaba con ellos.

¿Conoces a ese Dios eterno? Su nombre no cambia porque Él es inmutable. Él prevalece por generaciones, desde la eternidad hasta la eternidad. Cuando la vida sea difícil y no parezca tener sentido, recuerda Su nombre «YO SOY». Cuando la soledad nos embargue, ten en cuenta que Él fue, Él es, Él está, Él estará. Cuando no sepamos qué depara el futuro y nos asuste, trae a tu corazón la verdad de la Escritura revelada en este nombre «Yo Soy». Dios ya está en el futuro y también está a nuestro lado.

2. ESV Study Bible (Wheaton, IL: Crossway, 2008), 149. Traducción de la autora.

Para reflexionar

Lee el Salmo 46. Usa sus palabras para meditar y orar con gratitud a Dios por quién Él es.

✳ DÍA 7 ✳

«¿Qué significa

ESTE

rito para ustedes?»,

ustedes les dirán:

«Es un sacrificio de

LA PASCUA AL SEÑOR...»

Ex. 12:26-27

Día 7

CELEBRACIÓN EN UNA NOCHE OSCURA

«Y cuando sus hijos les pregunten: "¿Qué significa este rito para ustedes?", ustedes les dirán: "Es un sacrificio de la Pascua al Señor, el cual pasó de largo las casas de los israelitas en Egipto cuando hirió a los egipcios, y libró nuestras casas"» (Ex. 12:26-27).

Los hechos que se desencadenan en el próximo capítulo de la historia de redención constituyen una batalla entre el bien y el mal, entre la simiente de Eva y la simiente de la serpiente. La misión de rescate liderada por Moisés y orquestada por Dios constituye uno de los momentos más emocionantes en la vida del pueblo de Israel.

Dios fue muy bondadoso, tranquiliza el corazón de Moisés y le comunica que ya habían fallecido los que lo perseguían para matarlo. Así que él preparó a su familia y emprendieron el regreso a la tierra que lo vio nacer. En su mano estaba el arma que Dios le había dado: una vara que sería un recordatorio visible del poder de Dios. Partía también con la garantía de que Dios le daría el apoyo de su hermano Aarón. Él sería su vocero ante el pueblo y ante el faraón.

Varias décadas habían transcurrido. Sería lógico pensar que la familia de Moisés lo había dado por muerto o que fuera solo un recuerdo lejano. Pero Dios, que estaba detrás de todo el plan, preparó el corazón de Aarón y lo envió al encuentro de Moisés antes de que llegara a Egipto.

La tarea no iba a ser nada fácil. No estaban enfrentándose a cualquiera porque se trataba del mismísimo faraón de Egipto. Sin embargo, las palabras de Dios a Moisés nos revelan la verdadera naturaleza de este encuentro:

> «Cuando vuelvas a Egipto, mira que hagas delante de Faraón todas las maravillas que he

> puesto en tu mano. Pero Yo endureceré su corazón de modo que no dejará ir al pueblo. Entonces dirás a Faraón: "Así dice el Señor: 'Israel es Mi hijo, Mi primogénito. Y te he dicho: "Deja ir a Mi hijo para que me sirva", pero te has negado a dejarlo ir. Por tanto, mataré a tu hijo, a tu primogénito"'» (Ex. 4:22-23).

Lo que sucedió a partir de ese momento mostraría no solo a Faraón sino a Israel quién era Dios y que toda esta historia trata de Su gloria. Comenzó una batalla que tuvo momentos de dudas tanto en Moisés como en los israelitas. La opresión por parte de los egipcios arreció hasta hacerse insoportable. El pueblo se sentía desalentado y no querían escuchar más a Moisés. Él cuestionaba a Dios, frustrado ante lo que parecía una misión imposible. Pero Dios, una y otra vez, le repetía las mismas palabras y confirmaba Su promesa:

Él actuaría,
Él estaba con ellos.

La batalla no comienza con armas sino con plagas. Faraón, con un corazón endurecido, trataba de imitar lo que Dios hacía al convocar a sus magos para que replicaran las plagas. Sin embargo, los mismos magos o adivinos tuvieron que reconocer que se trataba del «dedo de Dios» (Ex. 8:19). A pesar de todo, la actitud del gobernante no cambió. Aunque las plagas eran cada vez más abrumadoras, no dejaba salir al pueblo. Así vieron las corrientes del Nilo convertirse en sangre y lo mismo sucedió con cada arroyo y depósito de agua. Fueron invadidos por ranas, piojos, insectos, enfermedades

que mataron todo el ganado, úlceras que afectaron a hombres y animales, destructora lluvia de granizo, langostas que comieron las pocas plantas y árboles frutales que habían quedado después del granizo y tinieblas que ocuparon la tierra por tres días. Todas estas calamidades afligieron a los egipcios mientras el corazón de Faraón seguía endurecido; pero el Señor preservó a los suyos. No solo los preservó, sino que «hizo que el pueblo se ganara el favor de los egipcios» (Ex. 11:3). Hasta Moisés gozaba de buena estima en el país, aun entre los que servían a Faraón y a los ojos del pueblo.

Así llega el anuncio de la décima y última plaga. Si hasta el momento toda esta batalla les había parecido a los egipcios una pesadilla, les aguardaba un terror sin paralelo. La muerte azotaría su tierra y el dolor llegaría a cada familia, grande o pequeña, rica o pobre, en el palacio y en el hogar más humilde. Dios estaba a punto de liberar a Su pueblo y los egipcios serían testigos de Su poder como nunca había sido visto. El primogénito tanto de hombres como de animales moriría, pero la muerte no tocaría las casas de Israel. ¿Será que esto cambiaría a Faraón? Está por verse.

Moisés recibió instrucciones para el pueblo en cuanto a cómo sería esa noche (Ex. 11). Cada familia hebrea celebraría una cena especial con un cordero preparado con hierbas amargas y pan sin levadura. Lo harían vestidos y con las sandalias puestas para simbolizar que estaban listos para partir. No sería una cena tranquila sino apresurada. Esta celebración llevaría el nombre de Pascua[3] y se convertiría en una celebración perpetua para Israel. Pero hubo una instrucción más que implicaba un significado excepcional. Ellos debían colocar la sangre del cordero en una vasija y entonces:

> «... tomarán un manojo de hisopo, y lo mojarán en la sangre que está en la vasija, y untarán con la sangre que está en la vasija el dintel y los dos postes de la puerta. Ninguno de ustedes saldrá de la puerta de su casa hasta la mañana. Pues el Señor pasará para herir a los egipcios. Cuando vea la sangre en el dintel y en los dos postes de la puerta, el Señor pasará de largo aquella puerta, y no permitirá que el *ángel* destructor entre en sus casas para herir*los*» (Ex. 12:21-23).

Es muy probable que en ese momento no lo comprendieran, pero Dios estaba estableciendo un principio que rige toda la historia de rescate y redención: sin derramamiento de sangre no hay perdón de pecados. Alguien tiene que pagar el precio del pecado porque un Dios justo y santo no puede dejar el pecado impune. Aquel cordero sin mancha e inocente, cuya sangre marcaba los postes de los israelitas, apuntaba a otro Cordero que habría de venir. Al mismo tiempo, en esa noche fatídica para Egipto, el Dios de Israel recordó a los suyos, una vez más, que Él es «Dios con nosotros».

---

3. La palabra Pascua viene de la palabra hebrea *pesach* que se podría traducir como «pasar por alto» o «no tomar en cuenta». Con esta fiesta los israelitas celebrarían que fueron librados de la ira de Dios, que Dios los perdonó y marcó a Su pueblo con la sangre del sacrificio. Celebrarían la libertad de la esclavitud.

El ángel destructor recorrió el día señalado las ciudades y campos de Egipto. No quedó un lugar donde la muerte no dejara su huella. El clamor desesperado de todos los egipcios llenó el silencio de la noche. El faraón también sufrió la muerte de su primogénito y fue solo después de este terrible suceso que mandó a llamar a Moisés y a Aarón y les dio órdenes de salir junto con toda su gente, su ganado y sus posesiones. De hecho, la gente del pueblo entregó a los israelitas oro, plata y vestidos. Les dieron todo lo que les pedían y les suplicaron que se fueran por temor a que todavía más muerte azotara su país.

Fue así como, 430 años después de su llegada a Egipto, Dios sacó a Su pueblo, tal y como había prometido a Abraham (Gén. 15:13). Moisés los guiaría para llevarlos a la tierra prometida. Frente a ellos se extendía una larga travesía por el desierto, pero Dios estaba con ellos. Su presencia los acompañaba de día y de noche (Ex. 13:22). Por fin parecía que Faraón —aquella personificación de la serpiente malévola con todo su odio y opresión— había quedado atrás.

Para reflexionar

¿Qué es lo que más te ha impactado de lo leído durante esta primera semana?

¿Podrías resumir cómo Dios ha mostrado hasta aquí que Él es «Dios con nosotros»?

Oh ven, Emanuel

Oh ven, oh ven, Rey Emanuel,
rescata ya a Israel,
Que llora en su desolación
y espera su liberación.

Vendrá, vendrá
Rey Emanuel,
Alégrate, oh, Israel.

Anhelo de los pueblos, ven;
en ti podremos paz tener;
De crueles guerras líbranos,
y reine soberano Dios

Vendrá, vendrá
Rey Emanuel,
Alégrate, oh, Israel.[4]

---

4. Himnario Bautista, N.º 54 (El Paso, TX: Casa Bautista de Publicaciones, 1978).

SEGUNDA SEMANA

DÍA 8

AQUEL DÍA EL SEÑOR SALVÓ A ISRAEL DE MANO DE LOS EGIPCIOS...

Ex. 14:30a

Día 8

OPERACIÓN LIBERTAD

«Pero los israelitas pasaron en seco por en medio del mar, y las aguas les eran como un muro a su derecha y a su izquierda. Aquel día el Señor salvó a Israel de mano de los egipcios» (Ex. 14:29-30a).

Trata por un instante de imaginar la mezcla de emociones que los israelitas deben haber experimentado aquella noche histórica y única. Habían sido testigos de tantos sufrimientos, una opresión que los ahogaba y que no parecía terminar, el odio del faraón y también tantos milagros inexplicables y gloriosos a su favor. Pero ahora, esa misma noche… ¡por fin dejarían todo atrás!

Una caravana de más de 600 000 personas marchaba hacia el desierto. El cuadro incluía hombres, mujeres, niños, animales, pertenencias, objetos de oro y plata donados por los egipcios y alimentos recolectados con premura. Moisés llevó consigo los restos de José, tal y como lo había pedido (Gén. 50:24-25). Dios levantó una columna de fuego que los guiaba en la oscuridad de la noche y una columna de nube para marcar el camino durante el día. Aquel enjambre humano avanzaba hacia la libertad sin detenerse. Sin embargo, la saga no había terminado. Dios, en Su soberanía, decidió endurecer el corazón de faraón una vez más. El resultado de toda esta liberación redundaría en mayor gloria para Él. A los egipcios no les quedaría duda de quién es el Señor. Pero este episodio marcaría también un hito para los israelitas, su fe sería probada.

Fue así como el ejército egipcio, apertrechado con sus mejores carros y oficiales, salió tras los israelitas. Con caballos y hombres de guerra avanzaron hasta alcanzarlos muy cerca del mar Rojo. El pueblo de Israel quedó sumido en terror al mirar a sus perseguidores acercándose en el horizonte. Tal era el miedo que comenzaron a reclamar a Moisés y cuestionar la decisión de abandonar Egipto (Ex. 14:11-12). La respuesta de Moisés no pudo ser mejor para ese momento tan dramático:

> «No teman; estén firmes y vean la salvación que el Señor hará hoy por ustedes. Porque los egipcios a quienes han visto hoy, no los volverán a ver jamás. El Señor peleará por ustedes mientras ustedes se quedan callados» (Ex.14:13-14).

¿Sabes lo que más admiro en su respuesta? ¡Moisés no lo tomó personal! Ni siquiera les respondió alegando que como líder sabía lo que estaba haciendo. Su respuesta puso a Dios en el centro. El Señor mismo era quien estaba al frente de esta «Operación Libertad». Así que los llama a poner la mirada en el único protagonista y héroe de la historia quien ejecutaría tal salvación que los dejaría sin habla. Moisés era muy claro, pero es curioso que en solo unas horas los israelitas estuvieran padeciendo de amnesia. Ellos habían visto a Dios actuar a su favor ante los egipcios. Habían sido testigos de cómo había librado a sus primogénitos de la muerte, cómo había guardado sus casas y sus cosechas durante las plagas, cómo no hubo tinieblas en su región. Pero el temor les estaba ganando la pelea, al punto de provocarles esta amnesia espiritual.

Nosotros también solemos olvidar muy fácilmente lo que sabemos y hemos presenciado de primera mano. Olvidamos lo que conocemos sobre Dios. Ellos no tenían una Biblia escrita, como nosotros, pero tenían la historia desplegándose frente

a sus ojos. Sin embargo, no era esto lo que estaban trayendo a su mente y corazón, sino que se dejaron amedrentar por las circunstancias.

¡Cómo nos parecemos a ellos! A menudo ocurre una desconexión muy clara entre lo que decimos creer y lo que vivimos. Sabemos, por ejemplo, que la Biblia dice que Dios es fiel. Lo leemos una y otra vez, lo constatamos en cada narración. Incluso lo vivimos en muchos momentos de nuestra vida, pero cuando llega la prueba o cuando las circunstancias parecen fuera de control, es como si tuviéramos una amnesia repentina. Lo olvidamos todo. Por eso necesitamos aprender a hablar la verdad que conocemos a nuestro corazón. Esa es la razón por la que también nuestra mente debe llenarse de verdad. Sin lo segundo, no puede ocurrir lo primero.

Los israelitas estaban olvidando que Dios estaba con ellos. Lo había demostrado hasta ese momento y era evidente que no cambiaría; todo lo prometido se ha ido cumpliendo a pesar de tanta oposición. Por eso Moisés los exhorta a estar firmes. ¿Firmes en qué? ¡En creer que Dios lo haría otra vez! En que sería fiel a lo prometido. Dios completaría la obra que había iniciado.

Después de las palabras de Moisés, la columna de nube que antes estaba delante de ellos se colocó detrás. De ese modo quedaron fuera de la vista de los egipcios. Por orden de Dios, Moisés extendió su mano sobre el mar, un viento huracanado rugió y las aguas que se expandían ante ellos quedaron divididas. ¡No puedo ni imaginar las miradas de asombro! Creo que con demasiada frecuencia leemos este relato y no nos detenemos a pensar en lo que realmente significaba. Toda una masa de agua separada en dos y convertida en dos muros inmensos a lo largo de un camino que de seguro tenía caracoles, corales y otros rastros de lo que se encuentra en el fondo del mar. Pues por allí caminaron. La caravana avanzaba presurosa hacia la libertad ante un escenario imposible de ignorar:

Dios partió el mar en dos.
¡Solo el Señor pudo hacerlo!
¡Él estaba con ellos!

Los perseguidores se lanzaron también por ese mismo camino para atrapar a los israelitas. Supongo que estaban igual de asombrados y temerosos, pero también demasiado enfocados en su misión como para detenerse. Era de madrugada cuando Dios creó un estado de confusión entre el ejército del faraón. Las ruedas de los carros se atascaban y apenas podían avanzar. Fue entonces que se dieron cuenta de que estaban luchando contra un contrincante en extremo poderoso:

> «Entonces los egipcios dijeron: "Huyamos ante Israel, porque el Señor pelea por ellos contra los egipcios"» (Ex. 14:25b).

Era demasiado tarde. Dios ordenó a Moisés que nuevamente extendiera su mano. Con un fuerte rugido, el mar convertido en muro se precipitó de una vez y las aguas regresaron a cubrir la superficie. Sepultados en el fondo quedaron los carros, los caballos y el ejército de faraón. No quedó ni uno solo. El pueblo

de Dios respiraba a salvo en la otra orilla, atónitos ante lo que acababan de presenciar. Los israelitas fueron protagonistas y testigos de otro milagro de salvación. Lo que Moisés dijo, se cumplió: El Señor había peleado por ellos. Aunque a estas alturas todavía no lo sabían, ellos eran un pueblo escogido y separado para una misión. Este rescate tenía implicaciones mucho más allá del momento que estaban viviendo. La Operación Libertad era parte de un plan mayor, la redención de este pueblo esclavo era una imagen de lo que sucedería siglos después.

La respuesta no se hizo esperar: «Cuando Israel vio el gran poder que el Señor había usado contra los egipcios, el pueblo temió al Señor, y creyeron en el Señor y en Moisés, Su siervo» (Ex. 14:31). Sin embargo, con el paso de los días se mostraría que, así como el mar se dividió, también se dividió el corazón de los israelitas. La trayectoria en el desierto presentaría momentos definitorios para esta incipiente nación de lealtades cambiantes. En medio de todo estaba el Dios misericordioso, inamovible e inmutable obrando para hacer realidad la promesa jurada en Edén.

Para reflexionar

Lee Éxodo 15:1-21. ¿Qué nos dice sobre quién es Dios y lo que hace a favor de Su pueblo?

¿En algún momento te has visto frente a algo que parece imposible de sobrepasar, como los israelitas frente al mar Rojo y los egipcios en la retaguardia? ¿Cómo pudiera cambiar tu perspectiva luego de lo aprendido hoy sobre este fragmento de la historia de redención?

DÍA 9

«Esta es la sangre

DEL PACTO

que el Señor

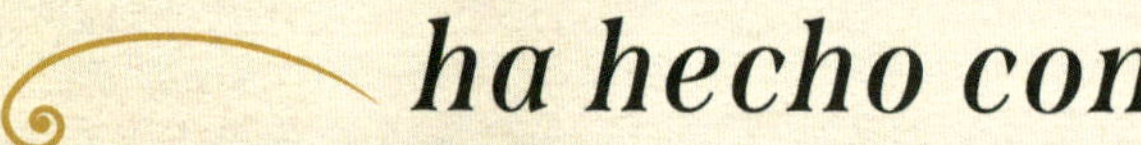

ha hecho con

USTEDES,

según todas estas palabras»

EX. 24:8

Día 9

DIOS HACE UN PACTO CON ISRAEL

«Entonces Moisés tomó la sangre y la roció sobre el pueblo, y dijo: "Esta es la sangre del pacto que el Señor ha hecho con ustedes, según todas estas palabras"» (Ex. 24:8).

Han transcurrido unos tres meses desde los sucesos que vimos ayer. Ahora el pueblo de Israel se encuentra en el desierto y han llegado a las faldas del monte Sinaí donde establecen su campamento. Posteriormente, Moisés subió a encontrarse con Dios y durante ese encuentro le menciona una vez más Su pacto con el pueblo, aunque no especifica de momento en qué consistiría:

> «"Ahora pues, si en verdad escuchan Mi voz y guardan Mi pacto, serán Mi especial tesoro entre todos los pueblos, porque Mía es toda la tierra. Ustedes serán para Mí un reino de sacerdotes y una nación santa". Estas son las palabras que dirás a los israelitas» (Ex. 19:5-6).

¿Cómo sería escuchar esas palabras luego de siglos de esclavitud y después de tantos años viviendo bajo opresión y miserias, agobiados por el abuso y el desprecio? El Señor les está recordando que los ha escogido de entre todos los pueblos de la tierra, que ellos serían un tesoro para Él, una nación apartada y especial. También instruye a Moisés para que el pueblo se aliste, que laven sus vestidos y estén preparados porque Él los visitaría. Muy pronto les daría a conocer en qué consiste el pacto. El Dios que los sacó de Egipto está con ellos en medio del desierto y de camino a la tierra que siglos antes prometió a su ancestro Abraham.

Ahora llegamos al muy conocido texto de los Diez Mandamientos (Ex. 20). Te invito a hacer una pausa en esta lectura y abrir tu Biblia en ese capítulo. Toma un tiempo para leerlo incluso si conoces una buena parte de memoria.

Este pacto es lo que conocemos como «la ley». Sin embargo, es crucial que comprendamos que Dios los había rescatado antes de darles la ley. Él hizo primero la obra de salvación, los salvó del yugo egipcio y por eso el pasaje comienza con estas palabras: «Yo soy el Señor tu Dios, que te saqué de la tierra de Egipto, de la casa de servidumbre» (Ex. 20:1). Él los liberó de la opresión por pura gracia y usó a Moisés como instrumento para ejecutar el plan. Lo que ocurrió fue un rescate, como mencionamos anteriormente.

Reunidos entonces como pueblo ante Su Dios, Él les hace un regalo: Su ley. ¿Por qué decimos que se trata de un regalo? Porque la ley les mostraría cómo relacionarse con Él. No les dio la ley para que obedezcan y se ganen así el favor de Dios. Eso ya lo tenían porque Él los había escogido como pueblo y había hecho la gran obra de rescate. La obediencia a la ley sería la respuesta agradecida de Israel a la obra redentora de Dios y les permitiría demostrarle su lealtad al Señor. Al mismo tiempo, podrían reflejar a los pueblos vecinos su identidad como pueblo que había sido llamado a vivir de manera completamente diferente, apartados para Dios, santos.

Encontramos más adelante otro anuncio de parte de Dios. Un anuncio que no debemos pasar por alto porque es parte del hilo que estamos siguiendo en esta historia:

> «El Señor habló a Moisés y le dijo: "Dile a los israelitas que tomen una ofrenda para Mí. De todo aquel cuyo corazón le mueva

> a hacerlo, ustedes tomarán Mi ofrenda. Y esta es la ofrenda que tomarán de ellos: oro, plata y bronce; tela azul, púrpura y escarlata, lino fino y pelo de cabra; pieles de carnero teñidas de rojo, pieles de marsopa y madera de acacia; aceite para el alumbrado, especias para el aceite de la unción y para el incienso aromático; piedras de ónice y piedras de engaste para el efod y para el pectoral.
>
> Que me hagan un santuario, para que *Yo habite* entre ellos. Conforme a todo lo que te voy a mostrar, conforme al diseño del tabernáculo y al diseño de todo su mobiliario, así ustedes lo harán"» (Ex. 25:1-8, énfasis de la autora).

El mismo Dios que habitó con Adán y Eva en el huerto del Edén, ahora les anuncia que establecerá su habitación entre ellos en el tabernáculo de reunión. Él seguía cumpliendo Su promesa de permanecer, de ser *Dios con nosotros.*

Tal vez porque nos separan muchos siglos de historia no nos percatamos de todas las implicaciones que tuvo para el pueblo esta decisión divina. Por años ellos vivieron en una nación idólatra, con falsos dioses que obraban a su antojo y cuyo actuar era impredecible. Eran dioses lejanos, sedientos de poder, sanguinarios en ocasiones. Ahora, el Dios verdadero, el Dios de Abraham, Isaac y Jacob, se acerca de nuevo y les muestra el camino de la vida y del bienestar. Un camino seguro porque Él es un Dios de justicia, gracia, misericordia y verdad.

El Señor les mostró Su ley con la garantía de que vivir en obediencia traería para ellos la paz y la prosperidad que anhelaban como nación. Pero, por sobre todas las cosas, disfrutarían la mayor bendición: Él habitando entre ellos. Dios los había rescatado para que pudieran volver a relacionarse con Él. No obstante, Dios es infinitamente santo y el pueblo impuro. Por eso había una separación, una cortina que delimitaba el lugar donde estaría el arca, un símbolo de la presencia misma de Dios. El acceso no era directo, necesitarían un intermediario. Esa era la función de Moisés. En este espacio, el lugar santísimo, Dios le hablaría: «Allí me encontraré contigo, y de sobre el propiciatorio, de entre los dos querubines que están sobre el arca del testimonio, te hablaré acerca de todo lo que he de darte por mandamiento para los israelitas» (Ex. 25:22).

La ley no solo puede ser vista como un código sino también como un espejo que muestra el pecado del ser humano ante un Dios que es santo, santo, santo. De esa realidad habla el apóstol Pablo cuando escribe a los cristianos romanos mucho tiempo después: «Porque por las obras de la ley ningún ser humano será justificado delante de Él; pues por medio de la ley viene el conocimiento del pecado» (Rom. 3:20). La ley sería un camino que conduciría a Cristo puesto que, como veremos más adelante, las demandas de esta ley son imposibles de cumplir por parte de seres humanos pecadores. Esa es la razón por la que, junto con la ley, los israelitas reciben las instrucciones para el sistema de ofrendas y sacrificios que resultaría en el perdón de sus pecados.

Este sistema sacrificial funcionaría día y noche porque los sacrificios ofrecidos

solo podían justificar momentáneamente. Una vez al año se realizaría un sacrificio expiatorio, sustitutivo. Sería sacrificado un animal completamente perfecto, sin mancha y sin defecto. Su sangre se rociaría en el altar como imagen del pago por los pecados del pueblo, mientras que otro animal sería enviado al desierto para llevarse simbólicamente los pecados confesados. Sin embargo, al año siguiente, el mismo escenario volvería a repetirse. La razón es que este tipo de sacrificio no pondría fin al pecado y su poder sobre la vida del pueblo de Dios.

¡Sería necesario un sacrificio único, perfecto, humano!
Alguien que por fin aplaste la cabeza a la serpiente, como Dios prometió en Edén.

Así que la historia redentora continúa su curso. Dios estaba, nuevamente, habitando entre Su pueblo, Su gloria llenaba el tabernáculo (Ex. 40:34), de día una nube lo cubría y de noche, el fuego iluminaba el campamento. El pueblo de Israel iba de camino a la tierra prometida. Pero el viaje mostraría que aquel pueblo rescatado de las garras de Egipto, testigos de milagros, receptores de tanta bondad de Dios, todavía tenía un corazón de piedra.

Para reflexionar

Al terminar esta lectura, ¿cómo ha cambiado o cómo se ha reafirmado tu comprensión sobre la función de la ley dada por Dios a Israel mediante Moisés?

Lee Hebreos 3:23-29. ¿Qué está resaltando el autor al hablarnos de Moisés? ¿Por qué crees que sea importante?

DÍA 10

...para que ames al

Señor tu Dios con todo tu

CORAZÓN

y con toda

TU ALMA, A FIN DE QUE VIVAS

DEUT. 30:6

Día 10

EL PUEBLO REBELDE RECIBE UNA PROMESA

«Además, el Señor tu Dios circuncidará tu corazón y el corazón de tus descendientes, para que ames al Señor tu Dios con todo tu corazón y con toda tu alma, a fin de que vivas» (Deut. 30:6).

La travesía que pudo haber durado unas cuantas semanas se convirtió en cuarenta largos años. El pueblo vagaría por el desierto debido a su desobediencia. Todo comenzó donde los dejamos ayer, frente al monte Sinaí.

Moisés había subido al monte por orden de Dios para recibir, por escrito, toda la ley que regiría a este pueblo. Mientras tanto el pueblo aguardaba. El tiempo transcurría y se impacientaron. Este es uno de los episodios más tristes y oscuros de su historia. Tal vez recordaron su herencia egipcia y por eso decidieron pedir a Aarón que les hiciera un dios que pudieran ver. Lamentablemente, Aarón cedió a la presión del pueblo. ¡Nada hay nuevo debajo del sol! Es demasiado fácil querer agradar a la gente y buscar su aprobación. Ese deseo de agradar, aunque no sea de oro, también es un ídolo; un ídolo que, en aquel momento, movió el corazón de Aarón. Así fue como fundió un becerro con el oro del pueblo y lo proclamó como dios entre las familias de Israel.

Como es de esperarse, este acto de infidelidad encendió la ira de Dios. ¡Tan pronto lo habían traicionado! ¡Tan pronto habían olvidado al que los rescató y los trajo a libertad! Era un pueblo de corazón duro y su destrucción podía ser inminente: «El Señor dijo además a Moisés: "He visto a este pueblo, y ciertamente es un pueblo terco. Ahora pues, déjame, para que se encienda Mi ira contra ellos y los consuma…"» (Ex. 32:9). Moisés actúa de nuevo como mediador e intercede a favor de los israelitas, suplica a Dios por misericordia. Claro está, no lo hace sobre la base de los méritos del pueblo, porque no tenían ninguno. Moisés apeló al carácter de Dios: Su fidelidad a Su pacto y a Sus promesas (Ex. 32:11-13). Dios se apiadó de ellos.

Casi un año después llegó el momento de continuar la marcha. Los israelitas salieron del desierto del Sinaí siguiendo la nube que había estado sobre el tabernáculo. Israel no había aprendido la lección. La ingratitud estaba cobrando fuerzas nuevamente y ganando aliados entre los viajeros. El trayecto era difícil y el pueblo empezó a quitar la mirada del Dios que los guiaba y comenzaron a murmurar y quejarse. En respuesta, Dios envió fuego al campamento. Aterrados acuden a Moisés para que, otra vez, interceda a su favor ante el Señor. El fuego se apagó.

Pero como los humanos tenemos un grave problema de memoria, no pasó mucho tiempo para que regresaran a la queja. Ahora era por la comida. ¡Sin duda nuestro carácter se manifiesta tal cual es en la dificultad! El pueblo no se quejaba porque no tuvieran qué comer. Dios había sido fiel en proveer alimento, el maná del cielo que cada día aparecía en el campamento. Su queja era porque extrañaban los supuestos manjares que habían tenido en Egipto. ¡En Egipto, el lugar donde habían sido esclavos! En sus palabras podemos percibir el desprecio hacia la provisión de Dios:

> «... ¿Quién nos dará carne para comer? Nos acordamos del pescado que comíamos gratis en Egipto, de los pepinos, de los melones, los puerros, las cebollas y los ajos; pero ahora no tenemos apetito.

> Nada hay para nuestros ojos excepto este maná» (Núm. 11:4b-6).

Literalmente sus palabras fueron: «no tenemos nada que comer, se nos ha quitado el apetito, solo tenemos este maná frente a nuestros ojos». Vienen a mi mente de inmediato las palabras del apóstol Juan: «la pasión de los ojos» (1 Jn. 2:16). Sus estómagos estaban llenos, pero los ojos no estaban satisfechos porque no estaban puestos en el Dios proveedor que permanecía fielmente con ellos. La ira de Dios se encendió una vez más. La ingratitud es abominable para Aquel que nos da sin que merezcamos nada. En esta ocasión, en lugar de traer fuego al campamento o pulverizar a los israelitas, Dios les dio lo que sus ojos anhelaban. Les trajo la carne que pedían, ¡tanto así que les saldría por las narices! Y eso fue lo que sucedió. Además, el Señor hirió al pueblo con una plaga y murieron los que habían sido codiciosos (Núm. 11:34). El corazón duro seguía manifestándose. Aunque el pueblo había sido rescatado de la esclavitud en Egipto, su alma seguía presa en el pecado.

El tercer episodio de protesta lo encontramos nada más y nada menos que entre los hermanos de Moisés (Núm. 12). Miriam es conocida como una profetisa (Ex. 15:20) y Aarón no solo era sacerdote de Israel, sino que había sido la mano derecha de Moisés durante todos los encuentros con faraón en Egipto. ¡Qué buena advertencia para nosotros! Nadie está exento de pecar. Fueron los celos los que provocaron la murmuración entre ellos. Miriam y Aarón cuestionaron la posición de liderazgo de Moisés. Pensaron que nadie los oía, ¡pero Dios los escuchó! Y el pecado fue castigado. Miriam quedó leprosa y Aarón en una posición lamentable. Sin embargo, el Dios de misericordia escuchó a Moisés quien, otra vez, se presentó como intercesor. Luego del tiempo requerido por la ley, Miriam, ya sanada, regresó al campamento y el pueblo pudo proseguir la marcha.

Vez tras vez encontramos un cuadro de rebelión y desobediencia. El pueblo que había salido de Egipto ahora escucharía el anuncio de un tiempo de exilio futuro. Este sería el juicio de Dios porque lo que sucedió en el desierto no fueron eventos aislados y trágicos que dejarían atrás, sino el patrón que caracterizaría al pueblo de Israel. No obstante, el Señor no reduciría Su misericordia y no acortaría Su plan, sino que, junto con el anuncio del juicio, también vendría la promesa del regreso a casa (Deut. 30:1-5) y de la restauración:

> «... el Señor tu Dios circuncidará tu corazón y el corazón de tus descendientes, para que ames al Señor tu Dios con todo tu corazón y con toda tu alma, a fin de que vivas» (Deut. 30:6).

Con estas palabras Dios les está anunciando Su participación en un nuevo pacto, un pacto donde los corazones serían transformados para hacer posible la obediencia. No lo perdamos de vista. No podemos amar a Dios por nuestra propia cuenta, nuestros corazones son incapaces de hacerlo. El mismo Dios les hace saber que amarlo de esa manera, con todo el corazón y con toda el alma, escapa del alcance de hombres y mujeres pecadores. Necesitan un corazón nuevo, un corazón

de carne que sustituya al de piedra. Esa misma promesa la volverían a escuchar muchos siglos después de boca de los profetas, durante los años de sufrimiento y exilio. ¿Cómo sería posible ese corazón nuevo, esa circuncisión del alma? La promesa de Génesis sigue en pie y la historia de Dios con nosotros así lo muestra. El Salvador tendría que venir. Mientras, Dios sigue obrando.

Para reflexionar

¿Has luchado con el pecado de la ingratitud? ¿Qué nos enseña la lectura de hoy sobre lo que significa para Dios un corazón ingrato?

Aprovecha esta oportunidad y menciona algunas cosas específicas por las que puedes agradecer a Dios en este día.

✳ DÍA 11 ✳

De esa MANERA *el Señor dio a* Israel toda la tierra que había jurado DAR A SUS PADRES...

Jos. 21:43

Día 11

UNA PROMESA CUMPLIDA

«De esa manera el Señor dio a Israel toda la tierra que había jurado dar a sus padres, y la poseyeron y habitaron en ella» (Jos. 21:43).

Aunque Moisés fue un gran líder, un hombre manso que caminó con Dios y le sirvió, sus ojos no vieron la tierra que Dios había prometido a Abraham, Isaac y Jacob. Se lo impidió un triste episodio de desobediencia durante el largo peregrinaje en el desierto (Núm. 20:1-13). Luego de cuarenta largos años allí – años en los que a pesar de su desobediencia e infidelidad Dios proveyó para todas sus necesidades y les dio victoria sobre los enemigos – por fin los israelitas contemplan a la distancia la tierra que Él les daría como herencia.

Sin embargo, tomar posesión de aquel territorio no sería tarea fácil. Aunque sería su lugar de reposo, primero tendrían que pasar por luchas. Esa es la razón por la que en muchas de nuestras Biblias encontramos que a ese período de la historia de Israel se lo denomina «la conquista de Canaán» o «conquista de la tierra prometida». Les aguardaban enfrentamientos que también probarían su confianza en Dios. Se estaban adentrando en un mundo nuevo de ciudades fortificadas y ejércitos con experiencia y calibre militar. Pero esta era la tierra que Dios les había prometido que les daría y Él iba con ellos.

Para la tarea de conquista el Señor designó un nuevo líder, Josué, alguien que había aprendido junto a Moisés. Al comisionarlo, el Señor le recuerda la promesa hecha a su predecesor:

> «Así como estuve con Moisés, estaré contigo. No te dejaré ni te abandonaré» (Jos. 1:5b).

No puedo evitar sentir gratitud y asombro ante la fidelidad de Dios que, como un hilo plateado, está entretejida en las páginas de nuestras Biblias.

Él es Dios con nosotros.

La conquista comenzaría por Jericó, una ciudad cuyo nombre significa «luna». Era una tierra fértil que yacía cerca de un rico manantial. Tenía un sólido sistema de defensa debido a sus muros altos. Josué es un buen estratega y por eso envía espías para explorar el terreno. Al llegar se dirigieron a un lugar que, a nosotros, lectores del siglo XXI, puede parecernos muy extraño. Se fueron a la casa de una mujer ramera. Sin embargo, esto tiene todo el sentido del mundo porque esa casa era probablemente una especie de hostal donde entraba y salía mucha gente. De ese modo, recopilar información sería sencillo. Tras una serie de eventos y ayudados por Rahab la ramera, los espías —que habían sido reportados al rey del lugar y perseguidos— logran escapar. Una vez junto a los suyos, los espías le informan a Josué: «Ciertamente, el Señor ha entregado toda la tierra en nuestras manos, y, además, todos los habitantes de la tierra se han acobardado ante nosotros» (Jos. 2:24).

¡Dios seguía con ellos!

Capturar Jericó sería una tarea fuera de lo común. Primero tendrían que cruzar el río Jordán. No se trataba de un riachuelo. Tampoco había puentes y durante esta época del año el río se desbordaba (Jos. 3:15). Ah, ¡pero en la economía de Dios todo tiene

un propósito y esta no sería la excepción! A sabiendas de que la conquista podría amedrentarlos e incluso hacerlos dudar, Dios tenía un plan para afianzar en los israelitas, una vez más, que Él estaba con ellos. Así que les dijo por medio de Josué:

> «En esto conocerán que el Dios vivo está entre ustedes, y que ciertamente expulsará de delante de ustedes a los cananeos, a los hititas, a los heveos, a los ferezeos, a los gergeseos, a los amorreos y a los jebuseos. Miren, el arca del pacto del Señor de toda la tierra va a pasar el Jordán delante de ustedes.
>
> »Ahora pues, tomen doce hombres de las tribus de Israel, un hombre de cada tribu. Y sucederá que cuando los sacerdotes que llevan el arca del Señor, el Señor de toda la tierra, pongan las plantas de los pies en las aguas del Jordán, las aguas del Jordán quedarán cortadas, y las aguas que fluyen de arriba se detendrán en un montón» (Jos. 3:10-13).

Recordemos que se trata de una nueva generación de israelitas. Los que fueron testigos del milagro del mar Rojo fallecieron en el desierto. Los que contemplarían las aguas separadas del Jordán de seguro escucharon las historias de sus antepasados, pero ahora lo verían con sus propios ojos. Y tal como Dios lo dijo, sucedió...

¡porque Él estaba con ellos!

Ahora que estaban del otro lado, les aguardaba Jericó. De nuevo recibirían un plan nada convencional de parte de Dios. ¿Qué pensarías tú si Él te dijera que comenzaras a dar vueltas alrededor de un edificio de tu ciudad para derrumbarlo? No solo eso, deberías hacerlo durante seis días en silencio y al séptimo día tendrás que gritar lo más fuerte que puedas al son de las trompetas. Probablemente dudarías de ese plan y pensarías en las muchas otras maneras de derrumbar un edificio. Pues fue justo eso lo que Dios ordenó a Josué (Jos. 6). Para gloria de Dios, el pueblo obedeció sin chistar cada orden que fue dada por su nuevo líder.

Siete días más tarde, la ciudad fortificada cayó y fue destruida por completo. Solo a Rahab, la mujer que recibió a los espías y los escondió, se le perdonó la vida junto con su familia. Rahab, una mujer extranjera a quien Dios insertaría en la historia de la redención porque un tiempo después se casaría con un israelita, Salmón. Esta familia será parte del árbol genealógico del Salvador que vendría muchos siglos después: «Salmón fue padre de Booz, cuya madre fue Rahab; Booz fue padre de Obed, cuya madre fue Rut; y Obed fue padre de Isaí; Isaí fue padre del rey David» (Mat. 1:5-6).

Cuando leemos el final de esta narración, las palabras que hemos estado siguiendo desde el primer día vuelven a aparecer:

«El Señor estaba con Josué» (Jos. 6:27).

La promesa que le hizo cuando lo llamó a liderar la conquista, ahora quedaba ratificada ante todos. El pueblo podía tener la certeza de que, aunque Moisés ya no estaba, Dios seguía estando a su lado. Quedaba bastante claro que solo se trata de Él y Su promesa. A lo largo de la historia Él usará hombres y

mujeres, también nos usará a nosotros si así lo entiende, pero pasaremos y nuestra misión terminará. Solo Él es eterno y permanece para siempre. Solo Él puede rescatar y salvar y cumplir aquella promesa de redención entregada en Edén.

El tiempo ha transcurrido y después de batallas perdidas y otras ganadas, por fin Israel se establece en Canaán y el Señor les da reposo de sus enemigos. Josué había envejecido y está listo para terminar su carrera. El liderazgo de Josué, aunque bueno, era solo un anticipo de otro líder que vendría, un líder todavía mejor. Me refiero a Aquel sobre quien fue hecha la promesa en Génesis 3.

Al igual que Moisés, Josué entrega su discurso de despedida en el que exhorta al pueblo a vivir en obediencia y no olvidar todo lo que el Señor había hecho a su favor y cómo los libró de los enemigos y peleó sus batallas. Les advierte lo que sucederá si deciden tomar su propio camino, ser infieles a Dios y quebrantar el pacto que tenían con Él. El pueblo se comprometió una vez más a adorar solo a Dios y servirle solo a Él. Lamentablemente, en muy poco tiempo esas palabras se las llevaría el viento. Se avecinaban tiempos tan oscuros y terribles como no habían vivido antes. El reposo se convertiría en zozobra. La alegría en llanto. Solo algo no cambiaría: Dios y Su Palabra permanecerían inconmovibles en medio de la historia volátil de Israel.

Para reflexionar

¿Cuáles son algunos ejemplos de la fidelidad de Dios que aprecias en la lectura de hoy?

¿Puedes traer a la memoria momentos de tu vida en que has visto la mano fiel de Dios obrar incluso en lo que parecía una situación imposible?

DÍA 12

CUANDO LOS ISRAELITAS CLAMARON AL SEÑOR, EL SEÑOR LEVANTÓ UN LIBERTADOR A LOS ISRAELITAS PARA QUE LOS LIBRARA...

JUE. 3:9

Día 12

DIOS ES FIEL, UNA VEZ MÁS

«Cuando los israelitas clamaron al Señor, el Señor levantó un libertador a los israelitas para que los librara...» (Jue. 3:9)

Si un libro de la Biblia refleja la inestabilidad del corazón humano es Jueces. Ahora que ya no estaba Josué, Dios designó diversos jueces que gobernaron a Israel; líderes tanto a nivel civil como militar. ¿Quiénes fueron? Bueno, la lista es colorida e interesante, fueron doce en total. Once hombres y una mujer. Entre ellos había guerreros como Otoniel y campesinos con fe tambaleante como Gedeón. Hubo hombres aguerridos pero impetuosos, como Jefté. Uno de los más conocidos, Sansón, fue un mujeriego empedernido, quien además incumplió con todos los requerimientos del voto nazareo que tenía desde su nacimiento. La única mujer es la profetisa Débora quien, junto al general Barac, llevó a Israel a conseguir una poderosa victoria sobre los cananeos.

Desde el capítulo uno hasta el final de este libro, pareciera que vamos en una montaña rusa de obediencia, desobediencia, disciplina de parte de Dios, arrepentimiento, perdón, y el ciclo vuelve a repetirse. Pero, para entenderlo mejor, vayamos a las Escrituras.

> «Y se levantó otra generación después de ellos que no conocía al Señor, ni la obra que Él había hecho por Israel. [...] Entonces el Señor levantó jueces que los libraron de la mano de los que los saqueaban. Sin embargo, no escucharon a sus jueces, porque se prostituyeron siguiendo a otros dioses, y se postraron ante ellos. Se apartaron pronto del camino en que sus padres habían andado en obediencia a los mandamientos del Señor. No hicieron como sus padres. Cuando el Señor les levantaba jueces,

> el Señor estaba con el juez y los libraba de mano de sus enemigos todos los días del juez. Porque el Señor se compadecía por sus gemidos a causa de los que los oprimían y afligían. Pero cuando moría el juez, ellos volvían atrás y se corrompían aún más que sus padres, siguiendo a otros dioses, sirviéndoles e inclinándose ante ellos. No dejaban sus costumbres ni su camino obstinado» (Jue. 2:10, 16-19).

Este párrafo describe a cabalidad el período de la historia de Israel en que acabamos de adentrarnos. Una nueva generación de israelitas estaba viviendo en la tierra que Dios había prometido, pero no conocían al Señor. El olvido se había apoderado de la nación en unos pocos años. Observar sus vidas en esta etapa nos recuerda la frase de Jesús: «... eran como ovejas sin pastor» (Mar. 6:34). No obstante, el plan de Dios no se detiene y debido a Su fidelidad y misericordia Su pacto no se ha roto.

Los israelitas no obedecieron los mandamientos que Dios les había dado. Al conquistar la tierra se suponía que no dejaran entre ellos a los pueblos idólatras que la habitaban. Podría parecer una medida demasiado extrema de parte de Dios, pero necesitamos comprender que un Dios santo, santo, santo estaba de esa manera trayendo juicio a pueblos que no solo adoraban dioses falsos, sino que vivían sumidos en una cultura altamente sexualizada, sacrificaban niños y practicaban todo tipo de actos aborrecibles. El sistema religioso incluía la prostitución sagrada y de ese modo combinaban la exacerbación de la lujuria con la adoración a Baal, su dios más importante. Los israelitas

tuvieron en poco la advertencia de Dios; muy pronto se sintieron cautivados por la cultura cananea y sucumbieron a sus engaños. En poco tiempo olvidaron al Dios de sus padres y le dieron la espalda para adorar a estas deidades extranjeras. El pueblo no tardó en sumergirse en un estilo de vida inmoral. Los hombres se casaron con mujeres de estos pueblos idólatras, algo que Dios había prohibido con absoluta claridad desde el comienzo. Las consecuencias no se hicieron esperar.

Tal como Dios les había advertido por boca de Moisés y luego de Josué, la desobediencia no pasaría inadvertida y el juicio vendría sobre Israel. Los pueblos que los rodeaban los atacaban continuamente y hasta llegaron a subyugarlos. En sus ataques les quitaban las cosechas y les robaban las armas, de modo que ni siquiera podían defenderse. Este caos hace que las tribus se dividan y la gente huya a las montañas para esconderse de los opresores. La pobreza era rampante.

Israel clamaba al Señor cuando la situación se hacía insostenible. Una y otra vez Él les respondía y enviaba a los jueces para liderarlos y librarlos. Durante el tiempo en que los jueces estaban presentes, el orden imperaba y regresaba la paz. Pero luego el ciclo comenzaba de nuevo. No obstante, la gracia y la misericordia de Dios —inexplicables ante tanto pecado y desobediencia— no se agotaron. Es tan profundo el amor de Dios por Su pueblo que,

> «... Él [Dios] no pudo soportar más la angustia de Israel» (10:16).

Fue entonces que envió a un ángel para anunciar el nacimiento de Sansón. Su currículo sería deplorable, pero Dios lo usaría a pesar de todo. Ni siquiera en la infidelidad y apostasía de Su pueblo, Él los abandonaba.

El Espíritu de Dios vino sobre Sansón de una manera singular, lo dotó de una fuerza tal que para derribar a los enemigos no se necesitaba un ejército, con este enviado de Dios era suficiente. Sin embargo, Sansón no entendió su misión. Usó su fuerza más para el beneficio personal que para el bien del pueblo que estaba llamado a liderar:

> «Aquel hombre fuerte mató un león con sus propias manos, pero lo hizo de camino a tomar una esposa filistea, desobedeciendo así la ley de Dios. Mató a treinta hombres de Ascalón, pero lo hizo para obtener sus ropas y usarlas como el pago de una apuesta. Arrancó las puertas en Gaza y las cargó hasta un monte, pero hizo tal hazaña para escapar de la trampa que le habían tendido mientras pasaba la noche con una prostituta en la ciudad filistea».[5]

Los filisteos logran atraparlo luego de varios intentos porque Sansón decide revelar a una mujer el secreto de su fortaleza (Jue. 16:17). Ella le corta el cabello y así la fuerza dada por Dios lo abandona. Lo sometieron a toda clase de burlas mientras estuvo en manos de sus captores, le sacaron los ojos y lo pusieron a trabajar como esclavo en un molino. Sin embargo, aunque Sansón había echado a Dios a un lado, Dios seguía presente y

5. Edmund P. Clowney, *The Unfolding Mystery* (Phillipsburg, NJ: P&R Publishing, 2013), pág. 144. Traducción de la autora.

le mostró misericordia. El cabello volvió a crecer y la fortaleza regresó. En un último acto de poder, Sansón derrumbó el edificio donde se encontraba junto a los filisteos que celebraban fiesta y se burlaban de él. Ese día murió el último juez de este período de Israel. No hubo en sus palabras arrepentimiento, pero tampoco se nos presenta su muerte como juicio de Dios. Había juzgado a Israel durante veinte años.

Sin lugar a duda, ninguno de estos jueces fue perfecto. Por el contrario, son un recordatorio constante de que Israel, y también nosotros, necesitamos otro líder, otro juez. Necesitamos uno que esté libre de pecado, libre de agendas egoístas, que no tambalee ante el enemigo, que no comprometa la verdad. Necesitamos un juez, un líder, un salvador cuyo poder sea eterno y permanente. Estos hombres fueron usados por Dios para salvar a Su pueblo en momentos determinados, pero nada más. Los años que siguieron solo muestran mayor corrupción moral y social.

Nuestros corazones pueden desfallecer con desesperanza cuando llegamos a la última página del libro de Jueces. El libro termina con palabras que describen una densa oscuridad al mostrar a un pueblo que navega sin rumbo, perdido en su propio pecado: «En esos días no había rey en Israel; cada uno hacía lo que le parecía bien ante sus propios ojos» (Jue. 21:25). Sin embargo, Dios no había cambiado y se mantenía firme y sin dilación en Su objetivo del cumplimiento de Su promesa. Un nuevo líder estaba por llegar.

¡Dios seguía estando con ellos!

Para reflexionar

Algunas personas suelen afirmar, erróneamente, que el Dios del Antiguo Testamento no es un Dios de gracia. ¿De qué manera lo que estudiamos hoy sobre la etapa de los jueces refuta este argumento?

¿Cómo el libro de los jueces nos lleva a pensar con mayor intensidad en el Redentor prometido que vendría?

DÍA 13

Entonces las mujeres dijeron a Noemí:

«**BENDITO SEA** el Señor

que no te ha

DEJADO

hoy sin redentor»

RUT 4:14a

Día 13

EL PLAN DE DIOS SIGUE EN MARCHA

«Entonces las mujeres dijeron a Noemí: "Bendito sea el Señor que no te ha dejado hoy sin redentor"» (Rut 4:14a).

Luego del libro de Jueces encontramos un libro pequeño de solo cuatro capítulos. Lleva el nombre de una mujer: Rut. Este hecho en sí es sorprendente dadas las normas culturales del mundo antiguo donde se tenían en menos a las mujeres y a los extranjeros. Rut era ambas cosas, mujer y extranjera. Sin embargo, Dios determinó que esta historia fuera parte de las Escrituras y llegara hasta hoy con un mensaje extraordinario que no podemos pasar por alto.

Esta maravillosa historia tiene lugar durante el tiempo de los jueces. De modo que —como vimos en el día de ayer— ya sabemos que fue un momento oscuro y turbulento en Israel. La historia comienza hablándonos de un hombre del pueblo de Belén de Judá que junto a su familia sale huyendo de la hambruna en la tierra y se va a vivir a un territorio peligroso y enemigo, Moab. Es irónico que esta familia abandonó la «casa del pan», el significado hebreo de Belén, para irse a Moab.

El relato no ofrece muchos detalles sobre Elimelec, el cabeza de familia. Solo sabemos que pertenecía a la tribu de Efraín (Rut 1:2), que era dueño de una parcela de tierra en Belén (Rut 4:3) y que tuvo dos hijos con su esposa Noemí. Elimelec falleció en Moab y Noemí quedó viuda. Sus hijos Mahlón y Quelión se casaron con mujeres moabitas, Orfa y Rut. Pero luego de vivir diez años en Moab la tragedia vuelve a tocar a esta familia y los dos varones también fallecen. Ahora en lugar de una, esta familia tiene tres mujeres viudas y desamparadas. La tierra que prometía abundancia solo les trajo dolor. Noemí decide regresar a su país y las dos nueras al comienzo la siguen. Sin embargo, en el camino Orfa toma la decisión de regresar y quedarse en su país. Rut, por su parte, renuncia a todo y continúa con Noemí sin importarle el costo.

Al llegar a Belén, estas mujeres enfrentan el desafío de la viudez, la pobreza y la ausencia de hijos. Necesitaban que alguien las rescatara de esa situación tan precaria. Entonces ocurre un encuentro —aunque a primera vista pareciera orquestado por Noemí— que sin duda tuvo su origen en la eternidad, en el plan que Dios había trazado mucho antes de que toda esta historia se desenvolviera. El protagonista del encuentro es un hombre llamado Booz, un pariente lejano de la familia y dueño de campos de trigo (Rut 2:3). Un hombre cuya bondad resalta en toda la historia y alguien que Dios usó para rescatar y redimir a estas dos mujeres y mucho más allá.

La palabra *redención* es muy importante en toda la Biblia. Redimir es pagar un precio para obtener la liberación de algo o alguien. Las palabras *redimir, redención* y *redentor* aparecen veintitrés veces en el texto hebreo del libro de Rut. Sin duda es un tema tan importante que Dios lo resalta a lo largo de todo el libro.

Rut y Booz se encuentran y este hombre, al conocer la situación que ella y su suegra enfrentaban, decide intervenir para ayudarlas. Pero para hacerlo tendría que resolver primero algunos asuntos legales. Todo parece indicar que a Noemí le urgía vender la parcela de tierra que había pertenecido a su esposo, tal vez para cubrir sus necesidades. En lo que

pareció una reunión de negocios, Booz pide a otro pariente más cercano que redima la tierra, es decir, que la compre para que no dejara de estar dentro de la misma familia extendida. No se trataba de una negociación extraña, sino que estaba estipulada en la ley (Lev. 25:23-25) y quien actuara para resolver el problema se convertiría en el pariente redentor. El pariente acepta la propuesta de Booz, pero ahí no termina el asunto.

Booz le presenta al pariente el tema de Rut. Es interesante cómo lo hace porque le dice «debes adquirir a Rut, la moabita» (4:5). Tal vez la frase apelaba al hecho de que los moabitas no eran populares con los israelitas. Me imagino la cara del pariente cercano porque al parecer no se esperaba este requerimiento. No se demoró en responder y renunciar en ese mismo instante a su derecho. Se lo pasó a Booz porque no quería «perjudicar» su propia heredad (Rut 4:6). ¿Qué quiere decir esto? Bueno, casarse con Rut tenía muchas implicaciones. Quien lo hiciera sería responsable de Rut y también de Noemí. Cualquier otro hijo que tuviera ese matrimonio tendría derecho a lo que él ya poseía. Además, ¡tendría sangre moabita! Estas pueden haber sido algunas de las consideraciones que lo hicieron repensar la situación. Así que renunció al derecho.

Lo que estamos viendo es lo que se conoce como el matrimonio por levirato, legislado en el libro de Deuteronomio por Moisés (25:5-6). Esto significaba que «el hermano de un hombre muerto se casara con la viuda sin hijos de este último y tuviera un hijo varón que tomara el nombre del difunto y heredara la porción que le correspondía de la Tierra

Prometida».[6] Finalmente, Booz y Rut se casan y de ese matrimonio nace un hijo a quien llamaron Obed.

Noemí había llegado con manos vacías, ahora tenía sus manos llenas porque la familia había sido redimida. Rut, la viuda extranjera sin hijos, ahora era parte de Israel; se convirtió en esposa y madre.

Podríamos enfocarnos solamente en la historia de amor entre Rut y Booz o en la relación entre la nuera y la suegra. Aunque son relatos hermosos, ese no es el punto principal del libro. En esta historia encontramos a dos mujeres que necesitaban un rescate de su situación deplorable. Necesitaban un redentor porque estaban solas, desposeídas, sin nadie que respondiera por ellas. Dios lo proveyó en Booz. Pero no fue rescate solo para ellas, no olvidemos que es el tiempo de los jueces y que Dios tiene un plan aún más grandioso por concretar.

El pueblo de Dios era como una viuda, como Noemí. Israel había ignorado a Dios y se había alejado de Él; el pueblo estaba solo y en caos. No había un líder que los guiara. Pero Dios, debido a Sus promesas, al pacto que había hecho, a Su bondad, vendría al rescate. ¿Cómo lo hace? A través de la familia de Noemí. Si bien es cierto que Booz fue un buen esposo para Rut, Dios se presentó también como un buen esposo para Su pueblo, no los abandonó. Dios usó a Booz para salvar a esta familia y usó a esta familia para traer al mundo salvación. ¡Por eso el libro de Rut termina con un nombre, David! (4:21).

6. *Diccionario Bíblico Ilustrado Holman* (Nashville, TN: B&H Español, 2017), 951.

Aquel descendiente de Rut y Booz tenía una importancia que iba más allá de su propia familia, del momento histórico que vivían, de la necesidad de un líder para un país en estado angustioso. El niño de Rut, la moabita, sería el antepasado de otro niño, ¡uno que salvaría a su pueblo de su pecado! Esta familia común y corriente, por la providencia de Dios y en Su bondad, se convirtió en otro eslabón de la cadena en la historia de la redención.

Es muy probable que ellos no estuvieran conscientes de todas las implicaciones de su historia dentro del plan completo de Dios. Sin embargo, más de un milenio después, Mateo comienza su Evangelio con una larga genealogía, la genealogía de Cristo, e incluye los nombres de Rut y Booz (Mat. 1:5). Rut fue una mujer valiente y fiel a quien un Dios perfectamente bondadoso usó en Su plan de salvación y redención. Booz fue un hombre bondadoso que Dios usó para traer rescate. Pero la valentía y la bondad humanas son solo un reflejo débil y pasajero de la grandiosa bondad de Dios.

El libro de Rut narra la historia de personas comunes que se convirtieron en protagonistas de una historia mucho mayor, la historia de salvación y redención que Dios había preparado desde el principio. Es un libro que nos llena de asombro y aliento, porque la salvación que Cristo traería también sería para personas sin mayor repercusión, no merecedoras de gracia, perdón o salvación. Personas como tú y como yo. El plan continuaba, seguía en marcha porque Él es Dios con nosotros.

Para reflexionar

¿Cómo la lectura de hoy te ha ayudado a comprender mejor el plan redentor de Dios?

¿Qué rasgos del carácter de Dios percibes en la historia que nos narra el libro de Rut? ¿Qué implicaciones tiene conocer esos rasgos a nivel personal?

DÍA 14

Pero ahora tu reino no perdurará. EL SEÑOR ha buscado para SÍ UN HOMBRE CONFORME A SU CORAZÓN...

1 SAM. 13:14a

Día 14

UN REY CONFORME AL CORAZÓN DE DIOS

«Pero ahora tu reino no perdurará. El Señor ha buscado para sí un hombre conforme a Su corazón, y el Señor lo ha designado como príncipe sobre Su pueblo porque tú no guardaste lo que el Señor te ordenó» (1 Sam. 13:14).

Samuel fue el último juez que lideró a Israel. Fue dedicado al Señor por su madre desde su nacimiento, creció en el templo junto al sacerdote de turno, Elí. El caos en la nación continuaba, la espiral descendente parecía imparable. Este sacerdote tenía hijos desobedientes que quebrantaban la ley de Dios sin escrúpulo alguno. Lo más triste es que él no hacía nada al respecto. Finalmente, en cumplimiento a una palabra dada por Dios, los dos hijos de Elí mueren en una batalla contra los filisteos en la que el arca de Dios fue capturada. Elí también murió cuando recibió la noticia.

Ya Samuel había crecido cuando sucedieron esos eventos dramáticos. A partir de ese momento no solo ejercería la función de juez, sino que Dios lo estableció también como profeta en Israel. A pesar de que fue fiel a Dios y lo sirvió sin vacilar, al final de su vida nombró a sus hijos como sucesores. Estos hombres, lamentablemente, distaban mucho de ser como su padre: «… se desviaron tras ganancias deshonestas, aceptaron sobornos y pervirtieron el derecho» (1 Sam. 8:3). No estaban a la altura para ser jueces de Israel. Es en este punto que los ancianos del pueblo se presentan ante Samuel y le hacen una petición que daría un giro a la historia de la nación: querían un rey. La petición encerraba mucho más porque mostraron el anhelo de ser como las demás naciones. Hicieron ese pedido a pesar de que Dios les había dicho que ellos eran una nación diferente y que no podían seguir el camino de los pueblos que los rodeaban. Lo que pasaba es que el corazón de los israelitas estaba lejos de Él.

La petición desagradó mucho a Samuel y cuando oró a Dios, esta fue la respuesta del Señor:

> «Escucha la voz del pueblo en cuanto a todo lo que te digan, pues no te han desechado a ti, sino que me han desechado a Mí para que Yo no sea rey sobre ellos. Así como todas las obras que han hecho desde el día en que los saqué de Egipto hasta hoy, abandonándome y sirviendo a otros dioses, así lo están haciendo contigo también. Ahora pues, oye su voz. Sin embargo, les advertirás solemnemente y les harás saber el proceder del rey que reinará sobre ellos» (1 Sam. 8:7-9).

Israel había sido hasta ese momento una nación teocrática porque Dios era su rey. Los jueces fueron líderes colocados por Dios para guiarlos bajo Su dirección. Esta petición encerraba el rechazo velado a Dios como rey. Se puede escuchar por detrás el siseo de la serpiente. El mismo pecado de aquel huerto hermoso está asomando la cabeza. Las criaturas repudian al Creador, creen que pueden tomar el control de sus vidas y que sus decisiones serán más sabias que las de Él.

Dios les concede su petición. A partir de este momento vivirían bajo el dominio de reyes humanos. El ser como los otros pueblos no les entregaría los anhelados beneficios imaginados; por el contrario, nunca sería bueno porque los reyes humanos también llevaban el ADN del pecado heredado. Los reyes humanos pondrían sobre ellos cargas que antes no habían llevado, la servidumbre y los impuestos serían el pan

diario. La vida daría un giro completo y, aun así, no cambiaron de parecer.

El nombre de Saúl aparece ahora en la historia de Israel. Se trata del primer rey a quien Samuel ungió según las órdenes dadas por Dios. Sin embargo, este primer rey fracasó como gobernante. Saúl prefirió agradar al pueblo antes que a Dios y eso lo condujo derecho a la desobediencia. Dios lo rechaza como rey y le anuncia por medio de Samuel que pondría a otro en su lugar (1 Sam. 15:26).

Samuel es llamado nuevamente a la tarea de ungir al rey. El candidato escogido por Dios lo encontraría en la familia de Isaí, el hijo de Obed, ¡el hijo de Rut y Booz! Su nombre era David y uno de los siervos de Saúl lo describió así:

> «Yo he visto a un hijo de Isaí, el de Belén, que sabe tocar, es poderoso y valiente, un hombre de guerra, prudente en su hablar, hombre bien parecido y el Señor está con él» (1 Sam. 16:18).

Los días que transcurrieron entre un rey y el otro fueron muy difíciles y no carecieron de circunstancias dramáticas. El Espíritu del Señor había abandonado a Saúl y ahora lo atormentaba un espíritu malo. Fue así como David llegó a la presencia de Saúl. Él era músico y tocaba el arpa para calmar al rey cuando el espíritu malo lo hostigaba. También se convirtió en su escudero. La popularidad del futuro rey crecía a medida que sus logros se acumulaban, particularmente luego del enfrentamiento victorioso contra Goliat, el célebre gigante filisteo. Los celos entonces se convirtieron en el amo que gobernaba el corazón de Saúl, al punto de que intentó matar a David en varias oportunidades.

Entre tanto, el caos continúa en Israel. Saúl asesinó a unos sacerdotes bajo la acusación de ayudar a David. Su obsesión por perseguir a David era tal que decidió consultar a una adivina, algo que la ley prohibía de manera tajante. Su expediente de desobediencia y maldad aumentaba cada vez más y cerró con un trágico final. Saúl quedó gravemente herido en una batalla contra los filisteos y luego acabó con su vida echándose sobre su espada. Cuando los enemigos filisteos encontraron su cuerpo, lo decapitaron y lo colgaron de un muro. En la misma batalla también mataron a sus hijos. El primer reinado terminaba en oscuridad y desesperanza.

Este rey no había traído el descanso que Israel esperaba. ¡Todo lo contrario! El rechazo a Dios y al orden que Él había establecido para Su pueblo no quedaron impunes. Estaban viviendo las consecuencias de una decisión que poco a poco los destruiría. Sin embargo, Dios es un Dios de pactos. Una vez más vendría al rescate y les mostraría que estaba con ellos. No lo haría porque lo merecieran. Lo haría porque el anuncio de Génesis 3, lo pactado con Abraham y ratificado a Moisés en el monte Sinaí seguía estando en pie. El nuevo líder pronto asumiría su posición y así se establecería la monarquía davídica. El futuro parecía anunciar tiempos mejores.

Para reflexionar

¿Cómo ves la misericordia de Dios ante un pueblo tan rebelde que lo rechazó como su rey?

Al considerar esta segunda semana de lecturas, ¿cómo ha mostrado Dios ser fiel a la promesa de traernos un Redentor a medida que transcurre la historia?

Oh ven, tú que eres infiel

Oh ven, tú que eres infiel;
Ven, frágil y débil
Ve que sólo no estás.

Oh ven, si estás cansado ya
de orar y esperar
Ve lo que ha hecho Dios.

Jesús nació, Él nació
Él nació, por ti

Oh ven, triste y herido
Ven, tú que has temido
Ven, prueba Su gran amor

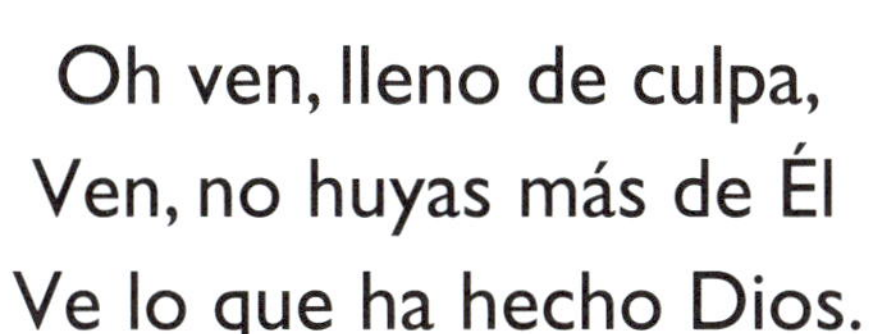

Oh ven, lleno de culpa,
Ven, no huyas más de Él
Ve lo que ha hecho Dios.

El Cordero inmolado
Por nuestro pecado
Aquellos que creen
Tendrán paz en Él

Sí, ven, en tu carencia
Ven, Él es la ofrenda
Ven, ve lo que ha hecho Dios.[7]

---

7. Traducción de «O Come, All You Unfaithful». Música y letra por Bob Kauflin y Lisa Clow. © 2020 Sovereign Grace Praise (BMI). Sovereign Grace Music, una división de Sovereign Grace Churches. Todos los derechos reservados. Administración en todo el mundo (excepto el Reino Unido – administrado por Integrity Music, parte de la familia David C Cook) www.CapitolCMGPublishing.com. www.SovereignGraceMusic.org CCLI #7160115

TERCERA SEMANA

✳ DÍA 15 ✳

Tu casa y tu **REINO** *permanecerán* para siempre delante de Mí; tu trono **SERÁ ESTABLECIDO** *para siempre*

2 Sam. 7:16

Día 15

EL PACTO CON EL NUEVO REY

«Tu casa y tu reino permanecerán para siempre delante de Mí; tu trono será establecido para siempre» (2 Sam. 7:16)

Treinta años tenía David cuando por fin ascendió al trono de Israel (2 Sam. 5:4). Habían transcurrido unos quince años, muchas primaveras e inviernos, días de soledad, zozobras, persecuciones y muertes desde que Samuel lo ungió como el futuro rey de Israel ante el asombro de una familia que de seguro no pudo comprender lo que estaba sucediendo. Ahora el día había llegado y el valiente pastor de ovejas, músico y autor de tantos salmos reinaría durante cuarenta años. Los primeros siete años y medio de su dinastía fueron sobre Judá, su tribu. El resto del reinado, treinta y tres años, incluyó también a todo Israel.

Las conquistas de David como rey se iniciaron con la captura de Jerusalén. Esta es la misma ciudad que siglos antes fue conocida como Salem y donde gobernaba Melquisedec, el rey enigmático con quien Abraham tuvo un encuentro (Gén. 14). Era una ciudad amurallada que no estaba bajo el control de ninguna de las tribus israelitas. Sus habitantes eran los jebuseos, un pueblo cananeo, quienes tenían la certeza de que nadie podría acceder a su ciudad. El asunto es que ellos desconocían un detalle importante en esta historia, el Señor estaba con David (2 Sam. 5:10) y le dio la victoria. A partir de entonces esta sería la capital del reino, la Sion de los profetas, la «ciudad del gran Rey» (Sal. 48:2). Pero fue el traslado del arca del pacto de Dios a Jerusalén (2 Sam. 6) lo que ratificó finalmente la presencia de Dios en la ciudad. Ahora no solo sería el centro del quehacer político, sino también su centro de vida religiosa; sería el lugar de adoración para todo el pueblo de Dios.

El nuevo rey, ya establecido en la naciente capital, estaba a punto de presenciar uno de los momentos cumbre en esta historia que estamos siguiendo a través del desenvolvimiento del plan de Dios. Si bien Dios lo había traído hasta aquí, Su plan incluía mucho más y se lo da a conocer a través del profeta Natán:

> «Ahora pues, así dirás a Mi siervo David: "Así dice el Señor de los ejércitos: 'Yo te tomé del pastizal, de seguir las ovejas, para que fueras príncipe sobre Mi pueblo Israel. Y he estado contigo por dondequiera que has ido y he exterminado a todos tus enemigos de delante de ti, y haré de ti un gran nombre como el nombre de los grandes que hay en la tierra. Asignaré también un lugar para Mi pueblo Israel, y lo plantaré allí a fin de que habite en su propio lugar y no sea perturbado de nuevo, ni los malvados los aflijan más como antes, desde el día en que ordené que hubiera jueces sobre Mi pueblo Israel. A ti te daré reposo de todos tus enemigos. El Señor también te hace saber que el Señor te edificará una casa. Cuando tus días se cumplan y reposes con tus padres, levantaré a tu descendiente después de ti, el cual saldrá de tus entrañas, y estableceré su reino. Él edificará casa a Mi nombre, y Yo estableceré el trono de su reino para siempre. Yo seré padre para él y él será hijo para Mí. Cuando cometa iniquidad, lo castigaré con vara de hombres y con azotes de hijos de hombres, pero Mi misericordia no se apartará de él, como la aparté de Saúl a quien quité de delante de ti. Tu casa y tu reino permanecerán para siempre delante de Mí; tu trono será

> establecido para siempre'". Conforme a todas estas palabras y conforme a toda esta visión, así Natán habló a David». (2 Sam. 7:8-17)

El Dios de pactos vuelve a insertar Su huella en el plan redentor y para que no queden dudas, le recuerda a David quién ha estado detrás de sus victorias, quién ha engrandecido su nombre, quién lo llevó de pastorear ovejas en un campo solitario a liderar un pueblo. No se trata de cualquier pueblo, sino del pueblo escogido por Dios. Aunque David quería edificarle una casa a Dios y hasta comenzó a hacer planes y acumuló materiales para su construcción, no sería obra suya sino de su sucesor. Sin embargo, Dios mismo le edificaría una casa a David.

¡Este es el anuncio más importante!

La casa de la que Dios habla no está hecha de madera, piedra o algún otro material perecedero. Dios está hablando en realidad de una persona, un descendiente de David que ocupará el trono de Israel para siempre.

¿Te imaginas la reacción de David al escuchar semejante mensaje? Lo bueno es que no tenemos que imaginarla porque la propia Biblia tiene registrada las palabras del rey. El asombro de David ante tanta bondad, gracia y misericordia de Dios no se hizo esperar. Se nos dice que entró ante la presencia de Dios y allí derramó su corazón:

> «¿Quién soy yo, oh Señor Dios, y qué es mi casa para que me hayas traído hasta aquí? Y aun esto fue insignificante ante Tus ojos, oh Señor Dios, pues también has hablado

de la casa de Tu siervo concerniente a un futuro lejano. Y esta es la ley de los hombres, oh Señor Dios. ¿Y qué más podría decirte David? Pues Tú conoces a Tu siervo, oh Señor Dios. A causa de Tu palabra, conforme a Tu propio corazón, Tú has hecho toda esta grandeza, para que lo sepa Tu siervo» (2 Sam. 7:18-21).

Estas son las palabras de alguien que está muy consciente de su pequeñez e insignificancia ante un Dios excelso que conoce lo profundo de nuestro ser. Un Dios que prometió y pactó incluso a sabiendas de todo lo que acontecería en el futuro de este rey. ¡Cuánta esperanza encierran las palabras que Dios dio a David por medio de Natán! Especialmente porque, aunque David fue el rey más querido de Israel, sin duda el más grande de su historia como nación, no fue perfecto. ¡Para nada! En su trayectoria habría momentos oscuros con sangre inocente derramada, adulterio, mentira y traición. Pero el pacto de Dios no estaba sujeto a la fidelidad humana porque la fidelidad humana es frágil, volátil e inconstante. La garantía del pacto es Dios mismo y Su decisión de rescatar al pueblo que Él formó para sí: «Pues Tú has establecido para Ti a Tu pueblo Israel como pueblo Tuyo para siempre, y Tú, Señor, has venido a ser su Dios» (2 Sam. 7:24).

A la luz de esta promesa y pacto, el reinado avanzó, los años transcurrieron con altas y bajas, con pecado y arrepentimiento. David pasó por dolores profundos e indescriptibles como las intrigas en su propia familia y la lucha por el poder con su hijo Absalón. Los últimos tiempos del reinado vieron guerras, rebeliones,

celos entre sus hijos, desobediencia de David al realizar un censo del pueblo sin consentimiento de Dios y el proceso del nombramiento del sucesor al trono de Israel. ¿Sería este sucesor el que Dios había anunciado en Su pacto, el rey eterno? Sí y no, como veremos al continuar nuestro recorrido.

El rey cantor falleció, su morada dejó de ser la Jerusalén que antes había conquistado y que llegó a llamar «la ciudad de David» (2 Sam. 5:7). El panorama de Israel volvía a cambiar. No obstante, algo permanece inmutable, Dios y Su presencia misericordiosa en medio de esta historia.

Para reflexionar

Aunque David fue un gran rey para Israel, sin duda no era el Rey eterno. ¿Qué aprendemos de su testimonio como rey con relación a los líderes terrenales?

Lee el Salmo 47, ¿qué nos enseña sobre Dios como único y verdadero Rey?

DÍA 16

Y *dirá:*

«¿Por qué ha

HECHO ASÍ EL SEÑOR

A ESTA TIERRA

Y A ESTA CASA?»

Y *responderán:*

«PORQUE ABANDONARON

AL SEÑOR...»

2 CRÓN. 7:21-22

Día 16

UN REINO ESPLÉNDIDO FRACTURADO

«Y responderán: "Por qué ha hecho así el SEÑOR a esta tierra y a esta casa?". Y responderán: "Porque abandonaron al SEÑOR, Dios de sus padres, que los sacó de la tierra de Egipto, y tomaron otros dioses, los adoraron y los sirvieron; por eso Él ha traído esta adversidad sobre ellos"» (1 Crón. 7:22)

David estaba próximo a morir cuando nombró a su hijo Salomón como el sucesor al trono. Durante sus palabras de despedida lo exhorta a caminar en fidelidad y obediencia a Dios. También le recuerda el pacto que Dios había hecho (1 Rey. 2:1-4). Así entonces, «Salomón se sentó en el trono de David su padre y su reino se afianzó en gran manera» (1 Rey. 2:12).

Al comienzo todo parecía marchar de maravillas. Dios le presentó a Salomón la oportunidad única de pedir cualquier cosa que quisiera. Salomón respondió pidiendo sabiduría para conducir al pueblo y gobernarlo bien. Dios se agradó ante tal petición:

> «[Dios] dio a Salomón sabiduría, gran discernimiento y amplitud de corazón como la arena que está a la orilla del mar. Y la sabiduría de Salomón sobrepasó la sabiduría de todos los hijos del oriente y toda la sabiduría de Egipto. [...] Y venían de todos los pueblos para oír la sabiduría de Salomón, de parte de todos los reyes de la tierra que habían oído de su sabiduría» (1 Rey. 4:29-30, 34).

El rey mandó a construir un palacio para sí y también edificó el templo, tal y como Dios había anunciado a David. La Escritura lo describe como un edificio de belleza colosal, imponente, con un altar de oro y paredes revestidas del mismo material, querubines tallados en madera de olivo, adornos de piedras preciosas, columnas de bronce, puertas de oro y bronce. Fue una obra maestra que se completó en siete años. Por fin llegó el día,

¡trasladarían el arca al templo y este sería dedicado al Señor!

Sumergidos en el aroma penetrante de los sacrificios, el pueblo presenció el traslado del arca por manos de los sacerdotes quienes lo colocaron en el Lugar Santísimo, una recámara especial en la parte más interior del templo. En ese instante, una nube densa inundó el lugar, ¡la gloria del Señor estaba en medio de los suyos! Así como habitó en el huerto de Edén y en el tabernáculo del desierto, ahora Dios otra vez estaba presente. Salomón oró delante de todo el pueblo para dedicar aquel templo que habían construido:

> «Y dijo: "Oh Señor, Dios de Israel, no hay Dios como Tú ni arriba en los cielos ni abajo en la tierra, que guardas el pacto y muestras misericordia a Tus siervos que andan delante de Ti con todo su corazón, que has cumplido con Tu siervo David mi padre lo que le prometiste; ciertamente has hablado con Tu boca y lo has cumplido con Tu mano como sucede hoy. Bendito sea el Señor, que ha dado reposo a Su pueblo Israel, conforme a todo lo que prometió. Ninguna palabra ha fallado de toda Su buena promesa que hizo por medio de Su siervo Moisés"» (1 Rey. 8:23-24, 56).

Por fin el pueblo de Dios estaba en el lugar que Dios había prometido, gozaban de bienestar y prosperidad bajo el gobierno de Dios pues el arca estaba en el templo como representación de Su presencia. El reino de Salomón fue tan fructífero como ninguno; la riqueza sobreabundaba y la paz rodeaba a la nación de Israel. Ante los ojos de cualquiera

que conociese las promesas y contemplase este cuadro, ¡el plan de Dios para Israel se ha cumplido en el reinado de Salomón! ¿Sería posible?

La continuación del relato bíblico pone fin a esa esperanza. Salomón escogió un camino que terminaría en destrucción tanto para sí mismo como para su reino. En una decisión nada sabia, unió su corazón al de muchas mujeres extranjeras que lo arrastraron a la adoración de falsos dioses. Era el comienzo de una espiral descendiente de desobediencia. Estas mujeres pertenecían a los pueblos con los que Dios les había prohibido hacer alianza. Salomón se alejaba cada vez más del Dios de su padre David y como la desobediencia a Dios siempre tiene consecuencias,
Su respuesta no tardó:

> «Y el Señor dijo a Salomón: "Porque has hecho esto, y no has guardado Mi pacto y Mis estatutos que te he ordenado, ciertamente arrancaré el reino de ti, y lo daré a tu siervo. Sin embargo, no lo haré en tus días, por amor a tu padre David, sino que lo arrancaré de la mano de tu hijo. Tampoco arrancaré todo el reino, sino que daré una tribu a tu hijo por amor a Mi siervo David y por amor a Jerusalén la cual he escogido"» (1 Rey. 11:11-13).

La paz que disfrutaban llegó a su fin, Dios mismo levantó adversarios contra Salomón. Tras su muerte, dejó de existir el reino unido producto de la inmadurez de su hijo. Ya Israel no sería una nación sino dos, el reino del norte y el reino del sur. Roboam, hijo de Salomón, asume las riendas como rey de las tribus del sur, Judá y Simeón. El norte quedaría, de acuerdo con lo que Dios había dicho, bajo el gobierno de Jeroboam, hijo de una sierva del rey Salomón.

De ahora en adelante estas dos pequeñas naciones vivirán tiempos mayormente turbulentos. Hubo algunos períodos muy breves, particularmente en Judá, donde los reyes, descendientes de David, hicieron lo recto ante los ojos del Señor. Ese fue el caso de Josías, un joven monarca que protagonizó una reforma religiosa que permite reencontrar los rollos de la ley que habían quedado extraviados en un rincón del templo. No obstante, la mayoría de los reyes tanto en el norte como en el sur fueron malvados, idólatras y bajo sus liderazgos condujeron al pueblo a la ruina. La maldad de algunos de estos gobernantes podría ser material para la más siniestra de las novelas.

La tierra quedó plagada de lugares de adoración pagana. Ambos pueblos se consagraron al servicio de supuestas deidades cuyos seguidores practicaban todo tipo de inmoralidad. Y es en medio de este caos que Dios levanta voces valientes que sufrieron el desprecio, la persecución, el maltrato y hasta la muerte. Entran en escena los profetas que escribieron los mensajes que hoy tenemos en nuestras Biblias. Aunque cuando pensamos en ellos tendemos a asociarlos con mensajes futuristas, esa no era la función principal de estos hombres de Dios. Ellos eran una voz que llamaba al pueblo a que regresara a la ley, a la obediencia, fidelidad y adoración al Señor. Los profetas le recordaban al pueblo las promesas de Dios,

promesas de bendición al vivir obedeciéndole y también el juicio de Dios como consecuencia de la desobediencia.

Lamentablemente, los mensajes de los profetas cayeron en oídos sordos. No había temor de Dios en los corazones del pueblo. El juicio anunciado estaba a las puertas. Primero el reino del norte fue tomado por Asiria en el año 722 a. C., cuando Peka era rey de Israel. Luego, en el año 587 a. C., los babilonios invadieron Judá, se llevaron cautivo a su rey y posteriormente a la mayoría del pueblo. Jerusalén quedó destruida y el templo consumido por las llamas. Los invasores llevaron consigo un gran botín que incluía todos los utensilios de oro, plata y bronce del majestuoso templo que edificó Salomón. Perecía entre los escombros no solo la identidad política de Israel sino también su identidad religiosa.

Otra vez la esperanza del rey prometido —descendiente de la simiente de Eva, Abraham y David— parece escurrirse entre las corrientes del tiempo; pero Dios no los ha olvidado, Él es fiel a Su pacto. Aunque todavía faltarían muchos años y acontecimientos para que esto se hiciera realidad, en el horizonte hay expectativa.

Para reflexionar

Piensa en la situación política de tu país. ¿Ves alguna similitud con lo que está ocurriendo en la historia de Israel? ¿Cómo conocer el obrar de Dios en medio de todas estas circunstancias puede producirnos esperanza al observar nuestra propia realidad?

Lee el Salmo 2 y ora con sus palabras.

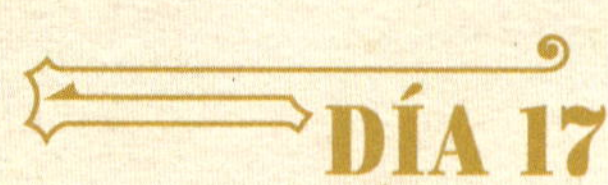

DÍA 17

«Vive el Señor que

HIZO SUBIR

y trajo a los

descendientes

de la casa

DE ISRAEL...»

JER. 23:8

Día 17

DE DESTIERRO Y ESPERANZA

«"Vive el Señor que hizo subir y trajo a los descendientes de la casa de Israel de la tierra del norte y de todas las tierras adonde los había echado". Entonces habitarán en su propio suelo» (Jer. 23:8).

Muchos siglos de historia han visto su inicio y final desde que Moisés anunció al pueblo de Israel que serían llevados a tierra extranjera como resultado de su desobediencia. Aquellas palabras que él pronunció en Moab ahora eran una realidad dolorosa:

> «Y ellos fueron y sirvieron a otros dioses y los adoraron, dioses que no habían conocido y los cuales Él no les había dado. Por eso, ardió la ira del Señor contra aquella tierra, para traer sobre ella toda maldición que está escrita en este libro; y el Señor los desarraigó de su tierra con ira, con furor y con gran enojo, y los arrojó a otra tierra…» (Deut. 29:26-28).

Esa otra tierra era Babilonia. Hasta ese lugar fueron arrastrados y vivirían mezclados con un pueblo cuyas costumbres eran muy diferentes, lejos de la tierra que Dios les había dado. Pero lo peor sería vivir en un lugar donde no tendrían templo, ese lugar que representaba la ubicación física de la presencia de Dios. Los israelitas tendrían que preservar su fe lejos de Jerusalén y lo hicieron mediante un énfasis en las leyes dietéticas, la observancia del día de reposo y el mandamiento número uno que apuntaba al monoteísmo judío (Ex. 20:3).

Fue durante estos años de exilio y destierro babilónico que tuvieron lugar los sucesos inolvidables protagonizados por Daniel. Él llegó a ser un funcionario importante, pero eso no impidió que viviera como un judío fiel a Dios a pesar del entorno y de las intrigas de otros miembros del gobierno imperante.

Daniel había atesorado en su corazón la ley del Dios de Israel. Solo a Él adoraba y solo a Él oraba. Pero el pueblo seguía en el exilio, los años de gloria eran un recuerdo cada vez más lejano.

Algunos de los salmos de la época reflejan el dolor y la tristeza que embargaba al pueblo desterrado:

> Junto a los ríos de Babilonia,
> Nos sentábamos y llorábamos
> Al acordarnos de Sión.
> Sobre los sauces en medio de ella
> Colgamos nuestras arpas.
> Pues allí los que nos habían llevado
> cautivos nos pedían canciones,
> Y los que nos atormentaban nos pedían
> alegría, diciendo:
> «Cántennos alguno de los cánticos
> de Sión».
> ¿Cómo cantaremos la canción
> del Señor
> En tierra extraña?
> (Sal. 137:1-4).

La cautividad babilónica fue el castigo de Dios a un pueblo desobediente que escogió su propio camino; se fueron tras otros dioses y rechazaron al Dios verdadero que los había traído desde otra cautividad, la de Egipto, a la libertad y prosperidad de una tierra donde encontraron refugio, paz y bienestar. Pero, como ya hemos visto, no se trató de un acontecimiento fortuito. En la historia de Dios, nada lo es porque Él es el Señor de la historia. Este capítulo en la vida de Israel era necesario para que el plan redentor continuara desplegándose.

Entretanto, Él seguía hablando a través de Sus profetas y proveyendo esperanza en medio de la densa oscuridad del destierro. El pueblo recibió promesas de regreso, de volver a ver la tierra que tanto anhelaban, a caminar nuevamente por sus calles, ver sus montañas, disfrutar bajo la sombra de sus árboles, adorar juntos:

> «"Por tanto, vienen días", declara el Señor, "cuando ya no se dirá: 'Vive el Señor, que sacó a los israelitas de la tierra de Egipto', sino: 'Vive el Señor, que hizo subir a los israelitas de la tierra del norte y de todos los países adonde los había desterrado'. Porque los haré volver a su tierra, la cual di a sus padres"» (Jer. 16:14-15).

Dios lo había anunciado por medio de Moisés siglos antes, ahora lo estaba repitiendo con la misma claridad y seguridad. El destierro no sería para siempre. No estarían para siempre en tierra extranjera, ni tampoco estarían para siempre sin un rey. Los anuncios de regreso también apuntaban más allá, a aquel descendiente prometido de David que ocuparía el trono y reinaría por siempre con justicia. ¡Este nuevo gobernante sería tan diferente a los líderes que esta generación de israelitas conocía! A través de otra voz profética llega el mensaje esperanzador:

> «Entonces pondré sobre ellas un solo pastor que las apacentará: Mi siervo David. Él las apacentará y será su pastor. Entonces Yo, el Señor, seré su Dios, y Mi siervo David será príncipe en medio de ellas. Yo, el Señor, he hablado» (Ezeq. 34:23-24).

Ya David había fallecido muchísimos años atrás. Las palabras de Ezequiel hablan en realidad de un descendiente de David, el prometido en el pacto que Dios hizo con él. Este nuevo rey sería un pastor verdadero que cuidaría de sus ovejas. De este mismo pastor también habló años antes el profeta Miqueas (5:4). Aunque el pueblo ahora estaba viviendo como un rebaño disperso, un día eso cambiaría para siempre porque ellos eran el rebaño del Señor. Vendría el pastor que traería la paz (Miq. 5:5) al pueblo que sufría opresión. Dios iba a traer al Buen Pastor para habitar con Sus ovejas.

Para reflexionar

Muchos años antes de lo que leímos en este día, David —inspirado por el Espíritu Santo— escribió el Salmo 23. Toma unos minutos para leerlo. ¿Qué dicen estas palabras acerca del Buen Pastor?

DÍA 18

Yo les daré
un solo
CORAZÓN
y pondré
UN ESPÍRITU NUEVO

EZEQ. 11:19a

Día 18

UN NUEVO PACTO

«Yo les daré un solo corazón y pondré un espíritu nuevo dentro de ellos. Y quitaré de su carne el corazón de piedra y les daré un corazón de carne, para que anden en Mis estatutos, guarden Mis ordenanzas y los cumplan. Entonces serán Mi pueblo y Yo seré su Dios» (Ezeq. 11:19-20)

Debemos recordar que en nuestra historia encontramos a Dios haciendo un pacto con Noé, luego con Abraham, después le siguió el pacto hecho con Moisés en Sinaí y posteriormente, el pacto con David. Sin embargo, en el momento en que nos encontramos en la historia del plan de Dios no hay rey en el trono de Israel porque la nación, en cierto modo, no existe como tal. Son súbditos de Babilonia. Cuando el Imperio babilónico cayó a mano de los persas, ellos seguían en el exilio. Pero Dios no está ajeno a sus circunstancias, Él continuaba hablando a Su pueblo, ya fuera por profetas actuales o mediante aquellos que lo habían hecho años antes, como Jeremías. Sus mensajes fueron muchos, algunos apuntaban a un futuro distante, otros más cercanos a la realidad que los israelitas vivían. Sin embargo, entre todos ellos hay uno que no podemos pasar por alto. La relevancia de este mensaje tan antiguo nos alcanza hoy, muchos siglos después:

> «"Vienen días", declara el Señor, "en que haré con la casa de Israel y con la casa de Judá un nuevo pacto, no como el pacto que hice con sus padres el día que los tomé de la mano para sacarlos de la tierra de Egipto, Mi pacto que ellos rompieron, aunque fui un esposo para ellos", declara el Señor. "Porque este es el pacto que haré con la casa de Israel después de aquellos días", declara el Señor. "Pondré Mi ley dentro de ellos, y sobre sus corazones la escribiré. Entonces Yo seré su Dios y ellos serán Mi pueblo"» (Jer. 31:31-33).

¿Qué quieren decir estas palabras? ¡Dios estaba prometiendo algo nuevo! El pueblo no había podido cumplir con su parte del pacto, lo habían quebrantado una y otra vez. Lo cierto es que esto no cambiaría porque el corazón de ellos se iba tras el pecado. Esa era la causa de que se encontraran en la precaria situación que hemos visto. ¿Cómo entonces sería posible que existiera un camino diferente? Solo Dios podría hacerlo posible. Este pacto sería inquebrantable. Si antes la señal del pacto era la circuncisión de la carne, ahora la señal sería un nuevo corazón. Ese fue el lenguaje que Dios dio al profeta Ezequiel para hablar de este nuevo pacto:

> «Además, les daré un corazón nuevo y pondré un espíritu nuevo dentro de ustedes; quitaré de su carne el corazón de piedra y les daré un corazón de carne. Pondré dentro de ustedes Mi espíritu y haré que anden en Mis estatutos, y que cumplan cuidadosamente Mis ordenanzas» (Ezeq. 36:26-27).

Dios no había cambiado, seguía siendo el Dios del pacto. Sin embargo, ahora algo diferente iba a tener lugar. Su mismo Espíritu habitaría en Su pueblo. Ya no lo haría de manera temporal como lo habían visto en los reyes, los sacerdotes, los profetas o incluso los jueces. Ahora estaría en todos ellos y transformaría el corazón duro y desobediente en un corazón blando, moldeable y dispuesto a obedecer. Este nuevo pacto era un pacto de perdón para siempre, no más necesidad de sacrificios y ofrendas anuales como pago por el perdón: «pues perdonaré su maldad, y no recordaré más su pecado» (Jer. 31:34). El nuevo pacto no anula todo lo anterior, sino que es Dios

cumpliendo Sus promesas, incluyendo aquella primera en Génesis 3:15.

Una de las promesas cumplidas en este nuevo pacto incluía que lo que Dios estaba anunciando no se limitaba solo a Israel, se extendía más allá. Dios ampliaría Su salvación para que «alcance hasta los confines de la tierra» (Isa. 49:6). Dios estaba expandiendo Su pueblo al añadir a gente de toda tribu, lengua y nación. ¡Eran las mismas palabras que había escuchado Abraham siglos atrás cuando Dios le prometió que en su descendencia habría bendición para todas las naciones de la Tierra! Allí también estamos tú y yo.

¿Cómo ocurriría todo esto? Pues la promesa venía acompañada de referencias a alguien, otra figura que sería descendiente de David, alguien en quien estaría el Espíritu del Señor y quien traería la justicia tan anhelada (Isa. 11:1-5), el pastor del que Miqueas y Ezequiel habían profetizado. Dios envía otro mensaje como heraldo de esperanza; un mensaje que dejaría perplejo a sus oyentes porque no habla precisamente de un rey con fuerza militar ni poderío, sino todo lo contrario, sería alguien que sufriría, que sería herido y aplastado:

> «Pero Él fue herido por nuestras transgresiones,
> Molido por nuestras iniquidades.
> El castigo, por nuestra paz, cayó sobre Él,
> Y por Sus heridas hemos sido sanados.
> Todos nosotros nos descarriamos como ovejas,
> Nos apartamos cada cual por su camino;
> Pero el Señor hizo que cayera sobre Él
> La iniquidad de todos nosotros».
> (Isa. 53:5-6).

De modo que, aunque el pueblo todavía está desterrado en Babilonia y Jerusalén estaba en ruinas y era tan solo un recuerdo de décadas pasadas, Dios usó a los profetas para que la mirada de los israelitas no estuviera puesta en las circunstancias, sino en Él, Su Palabra y Su fidelidad. Él sigue gobernando de forma soberana en medio de Su historia.

Para reflexionar

Al considerar el nuevo pacto que Dios está anunciando, ¿qué consuelo trae a tu mente y corazón? Lee Isaías 53 completo, ¿cuál es la diferencia entre este Salvador que Isaías está anunciando y los «salvadores» que hasta ahora ha tenido Israel? ¿Qué aprendemos sobre cómo será dicho Salvador?

✳ DÍA 19 ✳

Volverán los **RESCATADOS** *del Señor,* Entrarán en Sión con gritos **DE JÚBILO...**

Isa. 35:10

Día 19

EL REGRESO

«Volverán los rescatados del Señor,
Entrarán en Sión con gritos de júbilo,
Con alegría eterna sobre sus cabezas.
Gozo y alegría alcanzarán,
Y huirán la tristeza y el gemido»
(Isa. 35:10).

Ciro el Persa conquistó la ciudad de Babilonia en el año 539 a. C. y todo el imperio cayó en sus manos poco tiempo después. A diferencia de los babilonios, los persas permitían que los súbditos de su reino adoraran a sus propias deidades. Para ellos era una manera de buscar la paz con todos esos otros dioses nacionales y así garantizar la prosperidad del imperio.

En el primer año de su gobierno, Ciro emitió un decreto que autorizaba a los exiliados judíos a regresar a su tierra. Pero no se trataba de una mera decisión del rey, ¡Dios estaba detrás de esa decisión! Años antes Jeremías lo había anunciado: «Pues así dice el Señor: "Cuando se le hayan cumplido a Babilonia setenta años, Yo los visitaré y cumpliré Mi buena palabra de hacerlos volver a este lugar"» (Jer. 29:10). Fue el Señor quien dirigió el corazón del rey Ciro de Persia para que tal promesa divina se cumpliera a tiempo (Esd. 1:1). ¿Te imaginas? Habían transcurrido setenta años de exilio, al menos dos generaciones completas de israelitas. Y no solo regresarían a su país, ¡regresarían para reconstruir el templo!

> «El que de entre todos ustedes pertenezca a Su pueblo, sea su Dios con él. Que suba a Jerusalén, que está en Judá, y edifique la casa del Señor, Dios de Israel; Él es el Dios que está en Jerusalén» (Esd. 1:3).

Dios está moviendo la historia y Ciro, con este decreto, está ordenando que se reinicie la adoración a Dios en la ciudad de Jerusalén. Todo lo que los profetas habían predicho y que parecían esperanzas débiles o imposibles, ahora cobraban vida ante los ojos de los israelitas. Piensa en todo lo que eso implicaba para aquella gente. Por más de medio siglo habían estado sometidos bajo imperios diferentes y ahora pueden regresar a su tierra, con toda libertad y para reconstruir el templo de su Dios. Quizá para nosotros, lectores del sigo XXI, que estamos del otro lado de la cruz, este cambio de circunstancias no tenga la misma relevancia. El templo era para ellos el lugar donde Dios habitaba y estar fuera de Jerusalén era como estar desconectados de Dios, alejados por completo de Su presencia. Si no había templo, la presencia de Dios no estaba. ¡Ahora podían regresar a reconstruir ese lugar y volver a tener comunión con Dios! Como si fuera poco, Ciro ordena que los demás pueblos suplan las necesidades de los israelitas en su regreso y colaboren en este proyecto de reconstrucción. Esa ayuda incluiría desde ganado y bienes, hasta oro, plata y una ofrenda para la casa de Dios. Es imposible que no vengan a nuestra mente las imágenes del éxodo y todo lo que los egipcios dieron a los israelitas cuando salían de Egipto (Ex. 12:35-36).

Sin embargo, no todos regresaron. Después de tanto tiempo fuera de Israel, muchos se habían acostumbrado al nuevo modo de vida. Para otros, este lugar era todo lo que conocían porque habían nacido en el exilio. Es posible que algunos tuvieran miedo de lo que involucraba el regreso. De seguro recordaban o habían escuchado de la destrucción, la desolación. Al volver tendrían que comenzar desde cero. Pero Dios movió corazones y un grupo se

preparó para partir (Esd. 1:5). Encabezados por algunos de las tribus de Judá y Benjamín, así como levitas y sacerdotes, el remanente se alista. Lo que Nabucodonosor había robado del templo, ahora Ciro lo puso en manos de los israelitas para que lo llevaran consigo y lo usaran en el templo que iban a reconstruir (Esd. 1:7). El pueblo que había ido al exilio por su desobediencia estaba experimentando la fidelidad de Dios. ¡Él es fiel a sí mismo y a Su Palabra!

Ellos regresaron y se ubicaron en las diferentes ciudades para luego darse cita en Jerusalén y construir un altar donde ofrecer holocaustos al Señor. Pero la reconstrucción del templo no se inició hasta dos años después. El momento es histórico, unos cantaban y alababan a Dios llenos de emoción; otros, los más ancianos, los que habían visto el templo anterior, lloraban. Tal vez porque ya no veían en este edificio el esplendor de aquel que edificó Salomón, quizá porque el arca del pacto tampoco estaba allí, o a lo mejor derramaban lágrimas porque entendían que no podía ser el templo majestuoso del que habló Ezequiel. Nada era igual y eso estremecía sus corazones.

El proyecto de reconstrucción no fue tarea sencilla. La oposición de los samaritanos que habitaban la tierra no se hizo esperar. Hubo confabulaciones e intrigas para detener sus esfuerzos.

¡Pero Dios!

Él es el Dios de la historia, el soberano Señor que había prometido traerlos de vuelta y encontrarlos en Jerusalén. Veinte años más tarde, el templo de Zorobabel —conocido así por el nombre del sacerdote que lideró la reconstrucción— quedó terminado y el pueblo nuevamente se reunió para la dedicación. Aunque hubo una celebración gozosa de siete días por lo que Dios había hecho, cuando leemos este relato nos percatamos de que no estamos ante un momento glorioso donde la presencia de Dios se haya hecho patente como lo que ocurrió cuando se dedicó el primer templo. No hay nube que envuelva el templo. No bajó fuego del cielo para quemar el holocausto. No hay muestras visibles de la gloria del Señor. El relato nos deja con una sensación de ausencia.

Esa ausencia va más allá, tampoco hay rey en el trono de Israel. Están todavía como ovejas sin pastor. El pueblo no tarda en regresar al mismo pecado que había iniciado el exilio: han roto el pacto con su Dios, se unieron en matrimonio con mujeres de naciones paganas, la desobediencia es el pan diario. Nada había cambiado. Aunque Esdras y Nehemías se levantan como voces que invitan al pueblo a consagrarse, a regresar a las Escrituras, el corazón de aquellos israelitas seguía siendo de piedra. Necesitaban ser rescatados una vez más.

Con este relato termina oficialmente el Antiguo Testamento, aunque el orden de libros en nuestras Biblias sea distinto. Cerrar esa página trae tantas preguntas a nuestra mente:

¿Será posible que alguien pueda cumplir con la ley de Dios?

> ¿Alguna vez podremos llegar a tener ese corazón nuevo del que habló Ezequiel?
>
> ¿Será posible vivir libres del yugo del pecado que arrastra los corazones a la desobediencia, a la adoración de ídolos visibles e invisibles?
>
> ¿Qué pasó con la promesa de un rey eterno que ocupe el trono de David?

Llegamos hasta aquí con tantas expectativas sin cumplir, con desesperanza ante la condición humana. La oscuridad aparenta cernirse lenta y aplastante.

Pasarían cuatro largos siglos en los que nada significativo parece suceder. Sin embargo, el silencio de las circunstancias no es un indicativo de la ausencia de Dios. En el gran panorama divino el plan continúa tal y como fue orquestado. Aunque la noche parece interminable, ¡el alba está al despuntar cargada de esperanza! El próximo capítulo de la historia será un testimonio más de que nuestro Dios ¡es Dios con nosotros!

Para reflexionar

¿Has vivido alguna circunstancia en la que Dios parece estar en completo silencio? ¿Qué has hecho?

Lee el Salmo 40:1-5 y deja que estas palabras sean aliento a tu corazón y un recordatorio de que podemos esperar en Dios en cualquier tiempo.

DÍA 20

HA VISTO

GRAN LUZ

ISA. 9:2

Día 20

EL FIN DE LA OSCURIDAD

«El pueblo que andaba en tinieblas ha visto gran luz; a los que habitaban en tierra de sombra de muerte, la luz ha resplandecido sobre ellos» (Isa. 9:2)

¿Alguna vez has estado en un apagón? Yo crecí en un país donde los apagones eran algo muy común, pero no por ser frecuentes dejaban de ser desagradables. De pronto todo se quedaba oscuro. Caminar por las calles en penumbras no tenía ningún atractivo. Aunque tratábamos de alumbrarnos con velas o lámparas de queroseno, la luz seguía siendo tenue y ya no podíamos realizar todas nuestras actividades como de costumbre. ¡Lo peor es que nunca sabíamos cuándo regresaría la luz!

Cuando concluyó el texto bíblico del Antiguo Testamento, el pueblo de Israel vivía en profunda y prolongada oscuridad. Durante esos cuatro siglos de historia se levantaron nuevos imperios y ahora, cuando estamos a punto de llegar a la primera página del Nuevo Testamento, los romanos dominan el mundo conocido y la desesperanza impera, el dolor y el sufrimiento son latentes. En el trono no está sentado el descendiente prometido a David, sino un emperador que los aplasta y avasalla. Las tinieblas siguen expandiendo sus sombras sobre el pueblo que anhelaba ver la luz de las promesas de Dios que habían recibido y que parecían olvidadas por el Señor.

Todo cambió de repente, cuando nadie lo esperaba. Una pareja comprometida para casarse escuchó la voz del Señor. Él durante un sueño, ella durante una visitación angelical. José y María recibieron el anuncio que confirmaba que había llegado el momento esperado por muchísimos años:

> «Y el ángel le dijo: "No temas, María, porque has hallado gracia delante de

> Dios. Concebirás en tu seno y darás a luz un Hijo, y le pondrás por nombre Jesús. Este será grande y será llamado Hijo del Altísimo, y el Señor Dios le dará el trono de Su padre David; y reinará sobre la casa de Jacob para siempre, y Su reino no tendrá fin"» (Luc. 1:3-33).

Es muy posible que María no pudiera entender todo lo que aquella revelación encerraba, pero sin dudas comprendió que se trataba de un milagro, que Dios se había acordado de Su pueblo, que el silencio había terminado y la esperanza se abría paso en medio de la oscuridad (lee Luc. 1:46-55). ¡Era la mejor de las noticias! El niño que crecería en su vientre era el heredero prometido a Abraham, el cumplimiento de la ley, el descendiente de David, Aquel que ocuparía el trono en un reino eterno.

En Mateo encontramos algo que solemos pasar por alto cuando leemos la Biblia. Se trata de una genealogía, como dijimos antes, una lista de nombres que nos dice quién es hijo de quién. Sin embargo, si prestas un poco de atención, te darás cuenta de su importancia desde el primer versículo de este Evangelio:

> «Libro de la genealogía de Jesucristo, hijo de David, hijo de Abraham» (Mat. 1:1).

La lectura de la lista completa nos permitirá ver la relación entre unos y otros. Este Jesús del que habla Mateo desciende de David y también de Abraham. De hecho, más adelante, cuando Mateo inspirado por el Señor escribe sobre el anuncio del nacimiento de Jesús, sus palabras confirman de quién se trataba:

> «[María] dará a luz un Hijo, y le pondrás por nombre Jesús, porque Él salvará a Su pueblo de sus pecados» (Mat. 1:21).

Cualquier judío que leyera esas palabras sabía exactamente de quién estaban hablando. ¡Este es el descendiente prometido, el que ocuparía el trono para siempre! Lamentablemente, esa no fue la acogida que recibió ni tampoco fue lo que creyeron sus contemporáneos. Aunque la luz había llegado, sus ojos estaban todavía cubiertos de oscuridad (Juan 3:19). Este nacimiento era el cumplimiento de aquel anuncio, aquella promesa que recibieron alrededor de siete siglos atrás de parte de Dios y por medio del profeta Isaías:

> «"He aquí, la virgen concebirá y dará a luz un Hijo, y le pondrán por nombre Emmanuel", que traducido significa: "Dios con nosotros"» (Mat. 1:23).

No sé si te has detenido a pensar alguna vez en esa declaración, pero a mí me deja sin palabras: Dios dejó todo para convertirse en Dios con nosotros. Cristo, el Hijo de Dios, la segunda persona de la Trinidad, tuvo un cuerpo humano. Él fue completamente Dios y completamente hombre, al mismo tiempo. Cuando el pueblo recibió este anuncio siglos atrás, su relación con Dios estaba rota, deshecha por la desobediencia. Pero ahora, ¡un nuevo amanecer tras la noche oscura! Lo que se había perdido en Edén, volvería a ser una realidad. Dios caminando entre nosotros, viviendo entre nosotros, de nuevo sería posible tener una relación directa y personal con Él.

¡Eso es grandioso
y a la vez incomprensible!

La promesa pronunciada por Dios y que era esperada desde aquel nefasto día en Génesis se estaba cumpliendo bajo el cielo estrellado de un pueblo pequeño llamado Belén.

Sin embargo, a menudo vivimos olvidando esta realidad. Vemos a Dios como una figura distante, nos olvidamos de que está con nosotros, Emmanuel. No importa lo que estemos atravesando, ¡no estamos solos! De manera interesante, el Evangelio de Mateo termina con palabras similares a las de su comienzo. Esto fue lo que dijo Jesús: «Y tengan por seguro esto: que estoy con ustedes siempre, hasta el fin de los tiempos» (Mat. 28:20). Ahora vivimos en la era de «Dios con nosotros».

Dios con nosotros,
para siempre.
Dios con nosotros,
en la risa y el llanto.
Dios con nosotros,
en días de lluvia y días de sol.
Dios con nosotros,
cuando entiendo y cuando no.
Dios con nosotros,
cuando sea joven y en la vejez.
Dios con nosotros,
cuando le vea y cuando no.
Dios con nosotros,
en el pesebre, en la cruz y en la eternidad.

Para reflexionar

¿Cómo has visto a Dios ser «Dios con nosotros» en diferentes momentos de tu propia vida? Lee Lucas 1:68-79. Usa estas palabras como una oración de alabanza a Dios.

DÍA 21

Y se llamará Su

NOMBRE

Admirable Consejero,

Dios

PODEROSO,

Padre Eterno, Príncipe de Paz

ISA. 9:6b

Día 21

¡AL MUNDO, PAZ!

«Porque un Niño nos ha nacido, un Hijo nos ha sido dado, Y la soberanía reposará sobre Sus hombros. Y se llamará Su nombre Admirable Consejero, Dios Poderoso, Padre Eterno, Príncipe de Paz» (Isa. 9:6).

¿Qué viene a tu mente cuando piensas en la paz? Tal vez es cuando dejen de existir las guerras entre las naciones. Quizá para ti la paz se iguala a la ausencia de conflictos relacionales o simplemente a un momento de silencio en la casa. A lo mejor la imaginas más en términos geográficos, como si ocurriera en un bosque donde solo se escuchan los trinos de aves y el movimiento suave de las hojas de los árboles movidas por la brisa. Paz para ti pudiera ser el vaivén de las olas en el océano o el sonido de su encuentro con la arena en la orilla de una playa desierta.

El concepto bíblico de la paz dista mucho de lo que imaginamos. Las palabras bíblicas para «paz» incluyen no solo la idea de reconciliación entre partes enemistadas sino el concepto de estar completo, como cuando estás construyendo una pared y faltan bloques. Cuando un judío usaba la palabra *Shalom* (paz en hebreo) estaba hablando de algo que va más allá de un estado mental. La idea implicaba bienestar, integridad, seguridad y favor.

Cuando el profeta Isaías recibió el mensaje de parte de Dios que citamos al comienzo, uno de los nombres que se darían al Salvador sería «Príncipe de paz». Todo lo que encierra la idea bíblica de la paz se resume en Cristo. Si Él no hubiera venido a nacer, si el Hijo de Dios no se hubiera encarnado, nunca conoceríamos la verdadera paz. Seguiríamos buscando aquí o allá, encontrando solo la paz temporal, pero nunca la paz bíblica.

Ese era el tipo de paz sin Dios que había en Israel cuando Jesús vino al mundo. La llamada *pax romana* era el control que el imperio trataba de imponer por la fuerza sobre las naciones oprimidas y que era cualquier cosa menos verdadera paz.

El profeta Miqueas había escrito varios siglos antes: «Pero surgirá uno para pastorearlos con el poder del Señor, con la majestad del nombre del Señor su Dios. Vivirán seguros, porque él dominará hasta los confines de la tierra. *¡Él traerá la paz!*» (Miq. 5:4-5, CST, énfasis de la autora).

El mundo angustiado, rodeado de tinieblas, incompleto, sumido en los terribles efectos del pecado, recibió la esperanza de la paz verdadera y completa en la persona de Jesús. Pero Jesús no vino a traer la paz que muchos esperan o buscan. La paz de Jesús no es un tratado de no agresión entre naciones, ni la ausencia de conflictos en las relaciones humanas (al menos, no por ahora). La paz de Cristo es mucho más.

En aquella noche, bajo el cielo de Belén, los ángeles anunciaron que la paz había llegado, envuelta en pañales, para traer la reconciliación que se perdió en Edén: «De repente apareció con el ángel una multitud de los ejércitos celestiales, alabando a Dios y diciendo: "Gloria a Dios en las alturas, y en la tierra paz entre los hombres en quienes Él se complace"» (Luc. 2:13-14). Cristo hace posible la paz entre Dios y los hombres. Ese fue el mensaje que luego Pablo reafirmó: «Por tanto, habiendo sido justificados por

la fe, tenemos *paz para con Dios* por medio de nuestro Señor Jesucristo» (Rom. 5:1, énfasis de la autora).

Cristo es la paz que puede tener nuestro corazón cuando la angustia y el dolor tocan a la puerta:

> «Yo les he dicho estas cosas para que en mí hallen paz. En este mundo afrontarán aflicciones, pero ¡anímense! Yo he vencido al mundo» (Juan 16:33).

Él es la paz cuando el temor asoma por la ventana y quiere atarnos de pies y manos: «La paz les dejo, Mi paz les doy; no se la doy a ustedes como el mundo la da. No se turbe su corazón ni tenga miedo» (Juan 14:27). Cuando no podemos ni siquiera entender lo que sucede a nuestro alrededor, el Señor nos invita a orar con la garantía de su paz como respuesta:

> «Por nada estén afanosos; antes bien, en todo, mediante oración y súplica con acción de gracias, sean dadas a conocer sus peticiones delante de Dios. Y la paz de Dios, que sobrepasa todo entendimiento, guardará sus corazones y sus mentes en Cristo Jesús» (Fil. 4:6-7).

En Adviento recordamos la paz que Cristo hizo posible con Su primera venida; pero anhelamos Su regreso cuando disfrutaremos de la paz completa, perfecta y absoluta. Mientras tanto podemos proclamar al mundo el evangelio de la paz, compartir con otros lo que Dios nos ha dado en Cristo.

La letra del viejo himno se hace eco de este mensaje:

> ¡Al mundo paz, nació Jesús!
> Nació ya nuestro Rey;
> el corazón ya tiene luz,
> y paz, y paz Su santa grey.
>
> ¡Al mundo paz, el Salvador
> en tierra reinará!
> Ya es feliz el pecador,
> Jesús perdón le da.

Para reflexionar

¿Ha cambiado de alguna manera tu comprensión sobre lo que significa la paz luego de esta lectura? ¿Cómo puedes aplicar este conocimiento a tus circunstancias actuales?

Glorioso eres, Jesús

El resplandor del Padre
Desde la eternidad
Por tu Palabra todo hecho fue
Las cosas que creaste
Revelan tu obrar
Y todo Tú lo hiciste para que
Podamos ver

Coro

Glorioso eres, Jesús
El mayor deleite, Tú
Poder inigualable
Tu amor no tiene fin
No hay sacrificio igual
Viniste a tu vida dar
Día y noche nos unimos
Al canto celestial
Glorioso Jesús

El polvo de la tierra
Viniste a respirar
Y con el quebrantado a habitar
Tú fuiste rechazado
Te hiciste maldición
Serás mi gozo por la eternidad
La eternidad

Estás sentado en gloria
A la diestra de Dios
La muerte Tú venciste
Y nos salvaste
Y aunque no puedo verte
Un día regresarás
Y todo enmendarás, al Tú venir
Y todo enmendarás, al Tú venir.[8]

---

8. Música y letra original por Bob Kauflin. © 2012 Sovereign Grace Praise/BMI (administrado por Integrity Music). Sovereign Grace Music, una división de Sovereign Grace Churches. De La Salvación es del Señor. Todos los derechos reservados.

CUARTA SEMANA

DÍA 22

Y EN SU NOMBRE LAS **NACIONES** PONDRÁN **SU ESPERANZA**

MAT. 12:21

Día 22

EL SALVADOR Y AUTOR DE NUESTRA ESPERANZA

«Y en Su nombre las naciones pondrán su esperanza» (Mat. 12:21).

Ya hemos hablado de cómo Mateo inicia su relato del nacimiento de Jesús. Otra versión bíblica traduce el comienzo así: «El siguiente es un registro de los antepasados de *Jesús el Mesías*, descendiente de David y de Abraham» (Mat. 1:1, NTV, énfasis de la autora). Los judíos usaban las genealogías, es decir, los registros de nombres reconocidos como antepasados, para establecer el linaje, los derechos y la legitimidad de una persona. Mateo se asegura de que sus lectores comprendan que este Jesús del que les hablará no es un Jesús como cualquier otro, porque ese era un nombre común en su época. Por el contrario, se trata de Aquel que ellos esperaban, un descendiente de David y de Abraham, el Mesías anhelado por siglos. La palabra «Mesías» viene del hebreo *masiah*, en griego *Christos*, y se traduce como «ungido». Particularmente en el contexto del Antiguo Testamento tiene relación con los representantes de Dios dentro de Su pueblo escogido, el pueblo del pacto.

Mateo dirá más adelante que un ángel le comunicó a José que María «dará a luz un Hijo, y le pondrás por nombre Jesús, porque Él salvará a Su pueblo de sus pecados» (Mat. 1:21). Ese es el significado literal del nombre Jesús: Jehová es salvación; y es precisamente en esta declaración del ángel que encontramos el nombre de Jesús que nos transforma la vida:

Jesús
Salvador

Sin embargo, la gran mayoría de la gente del tiempo de Jesús no entendió tales implicaciones. ¿Salvación de qué? Aquella generación, como las que le precedieron, esperaba un Salvador; pero en sus mentes en realidad había un clamor que los llevaba en una dirección diferente: «Sálvanos de los romanos, sálvanos de la opresión, sálvanos de la esclavitud, de los impuestos, de la pobreza». No entendieron que la primera visitación de Jesús no tenía que ver con estos asuntos. La encarnación tuvo un propósito mucho más grande y eterno:

El perdón de los pecados.
La salvación de un mundo perdido.

El problema sigue siendo el mismo hoy. Muchos buscan a Jesús como Salvador, pero la salvación que quieren es diferente, demasiado pequeña y temporal. Algunos vienen a Él en busca de salvación de crisis económica, tal vez salvación de relaciones rotas y vidas frustradas, salvación del dolor de la enfermedad. ¿Sabes?, claro que Él puede hacer eso ¡y mucho más! Pero no fue solo con ese plan que Jesús el Salvador vino a nacer. Si así hubiera sido, nuestras vidas seguirían siendo el mismo manojo de problemas humanos que nos abruman una y otra vez.

¡No!
Jesús vino para **salvarnos** del pecado,
es decir, de todo lo que nos separa
de Dios.
Vino para **salvarnos** de nuestra
incapacidad de acercarnos
a un Dios que es santo, santo, santo.
Vino a **salvarnos** también de la muerte
inevitable que el pecado trajo al mundo.
Él es un **Salvador** completo, definitivo.

> No necesitamos otro.
> ¡Él es suficiente!

Jesús, el Salvador, vino para traer la esperanza que nunca termina, que no desfallece, que no depende de las circunstancias. Él es esperanza para todas las naciones. El profeta Isaías lo había anunciado varios siglos antes y Mateo nos lo recuerda en su Evangelio: «Y EN SU NOMBRE LAS NACIONES PONDRÁN SU ESPERANZA» (12:21). La esperanza verdadera es Jesús. Él es el cumplimiento de todas las promesas que alimentan nuestra esperanza (2 Cor. 1:20). Nuestro Dios, como escribió el apóstol Pablo, es el Dios de la esperanza (Rom. 15:13).

Esta es justamente la esperanza bíblica que celebramos y recordamos en el tiempo de Adviento: Cristo. Nuestra esperanza descansa en la salvación que Él ofrece. No está en nada que hayamos hecho ni que podamos hacer, nuestra esperanza está en la obra misericordiosa de Cristo en la cruz. Gracias a esa obra salvadora podremos recuperar lo que se perdió en Edén como consecuencia del pecado: vivir para siempre en la presencia misma de Dios. Cristo vino para establecer un puente por el que podemos caminar seguros y llegar al otro lado, más allá de esta vida, para poder mirar cara a cara al Dios que se hizo hombre y nació en un establo maloliente en un pueblito pequeño llamado Belén.

En Adviento también miramos a la esperanza futura:

> «... que es Cristo en ustedes,
> *la esperanza de gloria*»
> (Col. 1:27, énfasis de la autora).

Cristo *en nosotros* produce esperanza en la gloria que nos aguarda, en la comunión eterna con nuestro Dios, en un mundo completamente redimido, hecho completamente nuevo. Al celebrar Adviento, los creyentes

> «... aguardamos la bendita esperanza, es decir, la gloriosa venida de nuestro gran Dios y Salvador Jesucristo» (Tito 2:13).

La esperanza nació aquella noche, no solo para una generación aplastada bajo el cruel dominio romano; nació para todas las generaciones que vendrían después. Una esperanza vigente para nosotros el día de hoy. En esa noche nació Jesús, el nombre ante el cual se doblará toda rodilla. El nombre que salva. No sé si alguna vez te ha sucedido, pero en más de una ocasión el dolor o el temor me han hecho quedar sin palabras. En ese momento todo lo que alcanzo a hacer es pronunciar ese nombre que no tiene igual:

¡Jesús!
En Su nombre hay salvación,
hay esperanza.

Cristo, el Salvador, Dios con nosotros, hizo posible que los creyentes seamos un pueblo que puede vivir con una esperanza segura en todo momento. Al celebrar Adviento, recordemos nuestro llamado a compartir la esperanza del evangelio con un mundo que la necesita con desesperación y que no sabe dónde encontrarla.

Para reflexionar

Lee Lucas 1:46-55. ¿Qué nos recuerdan estas palabras de María sobre quién es Dios? ¿Cómo ves en ese texto el cumplimiento del plan Redentor que inició en la eternidad?

* DÍA 23 *

Canten **ALABANZAS** *al SEÑOR,* porque ha hecho cosas **MARAVILLOSAS...**

Isa. 12:5

Día 23

EL GOZO NACIÓ EN BELÉN

«Canten alabanzas
al Señor,
porque ha hecho
cosas maravillosas.
Sea conocido esto
por toda la tierra.
Clama y grita de
júbilo, habitante
de Sión,
Porque grande
es en medio de
ti el Santo de Israel»
(Isa. 12:5-6).

Lo recuerdo bien, fue hace diez años. Era la Navidad de 2013. Fue una Navidad diferente, una celebración en la que dejé que las circunstancias me robaran el gozo de lo que en realidad estábamos conmemorando en esa fecha tan especial.

Como parte del relato del nacimiento de Jesús, Lucas menciona a un grupo de pastores de ovejas. Me imagino que para aquellos pastores esa noche era como cualquier otra. Una noche en la que estarían cuidando su rebaño de ovejas en el frío de la madrugada bajo las estrellas de los campos cercanos a Belén. De seguro creyeron que sería una jornada común y corriente, luego de la cual regresarían cansados a casa. Se sorprendieron muchísimo cuando, en medio de la oscuridad, se les aparece un ángel y quedaron envueltos en un brillante resplandor. Lucas describe que sintieron gran temor, ¡y no es para menos! Pero el ángel del Señor los tranquiliza con estas palabras:

> «No teman, porque les traigo buenas nuevas de gran gozo que serán para todo el pueblo; porque les ha nacido hoy, en la ciudad de David, un Salvador, que es Cristo el Señor» (Luc. 2:10-11).

El gozo en la Biblia es un indicio de satisfacción en Dios y en nuestra relación con Él, más allá de las circunstancias. Este precisamente es uno de los temas en la celebración de Adviento, el gozo. En el lenguaje bíblico la palabra «gozo» es más de lo que viene a nuestra mente cuando pensamos en alegría. La diferencia radica en que el gozo es fruto del

Espíritu en la vida del creyente y no depende de lo que sucede a su alrededor, ni siquiera en su interior. La alegría es el resultado de las circunstancias y su carácter es temporal.

También la Escritura nos habla del sentimiento de gozo de Dios mismo. De hecho, esa es la razón por la que podemos sentir esta emoción profunda, porque viene de Él. Cuando un pecador se arrepiente, es el gozo lo que embarga al cielo:

> «Les digo que de la misma manera, habrá más gozo en el cielo por un pecador que se arrepiente que por noventa y nueve justos que no necesitan arrepentimiento» (Luc. 15:7).

Los relatos bíblicos relacionados con el nacimiento de Jesús están rodeados de gozo:

> Fue **gozo** lo que sintieron Zacarías y Elizabeth al saber que tendrían un hijo en su vejez, Juan, el precursor de Jesús (Luc. 1:14).
>
> Juan saltó de **gozo** en el vientre de Elisabet cuando escuchó la voz de María, quien le traía la noticia de su embarazo sobrenatural y la llegada del Salvador (Luc. 1:44).
>
> Los sabios de oriente se llenaron de **gozo** al ver en el cielo la estrella que les condujo a Jesús (Mat. 2:10).
>
> La noticia que recibieron los pastores fue causa de **gozo** porque nació el Salvador y ese Salvador es el Señor de todo. Lo que sus ojos contemplaron fue tan grande que regresaron alabando y dando gloria a Dios (Luc. 2:20).

Nuestras circunstancias no suelen cambiar cuando venimos a Cristo. Pero ¿qué tal si ponemos la mirada en aquel anuncio de gozo? ¿Qué tal si lo recordamos cuando nuestro mundo gira acelerado, los planes se diluyen, la vida no parece sonreír, la Navidad sabe a tristeza, las noticias que nos llegan no son alentadoras, el temor quiere asfixiarnos y el alma se encoge?

La Biblia nos habla de los primeros creyentes y en varias oportunidades los describe como llenos de gozo. Sin embargo, fueron perseguidos, a menudo lo perdieron todo, los encarcelaron, vivían en pobreza. ¿Cómo era posible que vivieran gozosos?

Su **gozo** estaba en la certeza de que era un privilegio sufrir por la causa de Cristo. Estaba en la comunión con otros creyentes y la fortaleza que eso les daba, en la expansión del evangelio. Tenían gozo porque el propio Cristo, en la persona del Espíritu Santo, ahora vivía en ellos y un día lo verían otra vez.

¡Él produjo gozo en sus corazones!

En los días de Adviento no solo miramos atrás, a la primera Navidad cuando el Hijo de Dios se vistió de carne y hueso para que con Su muerte y resurrección pudiéramos pasar de muerte a vida y experimentar un gozo indescriptible incluso en medio del sufrimiento. Miramos también al futuro, al gozo que produce el regreso de Cristo, a una nueva creación, a un mundo sin lágrimas y libre del pecado para siempre. Por eso los cristianos podemos vivir con gozo, no porque le demos la espalda a lo que nos pueda estar pasando, sino porque confiamos en el Dios que sostiene al mundo y nuestras vidas en Sus manos.

¿Estamos viviendo nosotros así, con el gozo que viene de conocer a Jesús? ¿Gozo que va más allá de la alegría que nos traen los regalos y las festividades? Diciembre pasará rápido y con el paso de los días, la etapa de la Navidad; pero el gozo de conocer a Jesús, el que Su nacimiento hizo posible, no es para una temporada ni durante una celebración especial. Es gozo para siempre porque Él está con nosotros todos los días (Mat. 28:20b).

Para reflexionar

¿Quieres dar un regalo especial en esta Navidad? Habla de Cristo a quienes no lo conocen. Muchos, aunque muestren una sonrisa, viven un profundo vacío, están muertos en su pecado y necesitan al Salvador. Cristo es la respuesta que están buscando, el regalo que satisface para siempre.

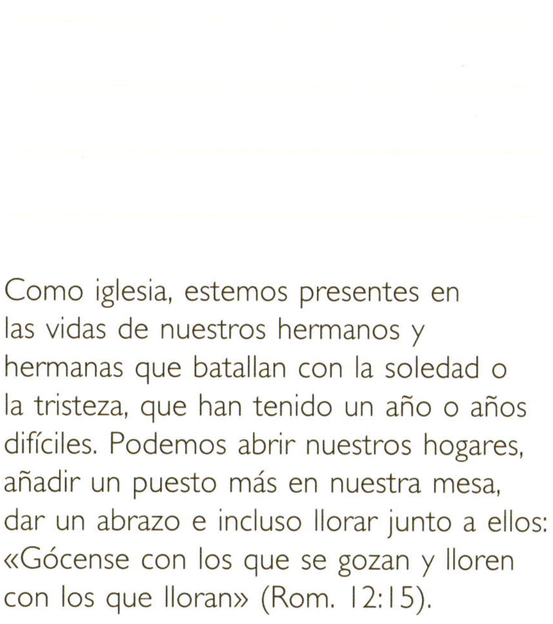

Como iglesia, estemos presentes en las vidas de nuestros hermanos y hermanas que batallan con la soledad o la tristeza, que han tenido un año o años difíciles. Podemos abrir nuestros hogares, añadir un puesto más en nuestra mesa, dar un abrazo e incluso llorar junto a ellos: «Gócense con los que se gozan y lloren con los que lloran» (Rom. 12:15).

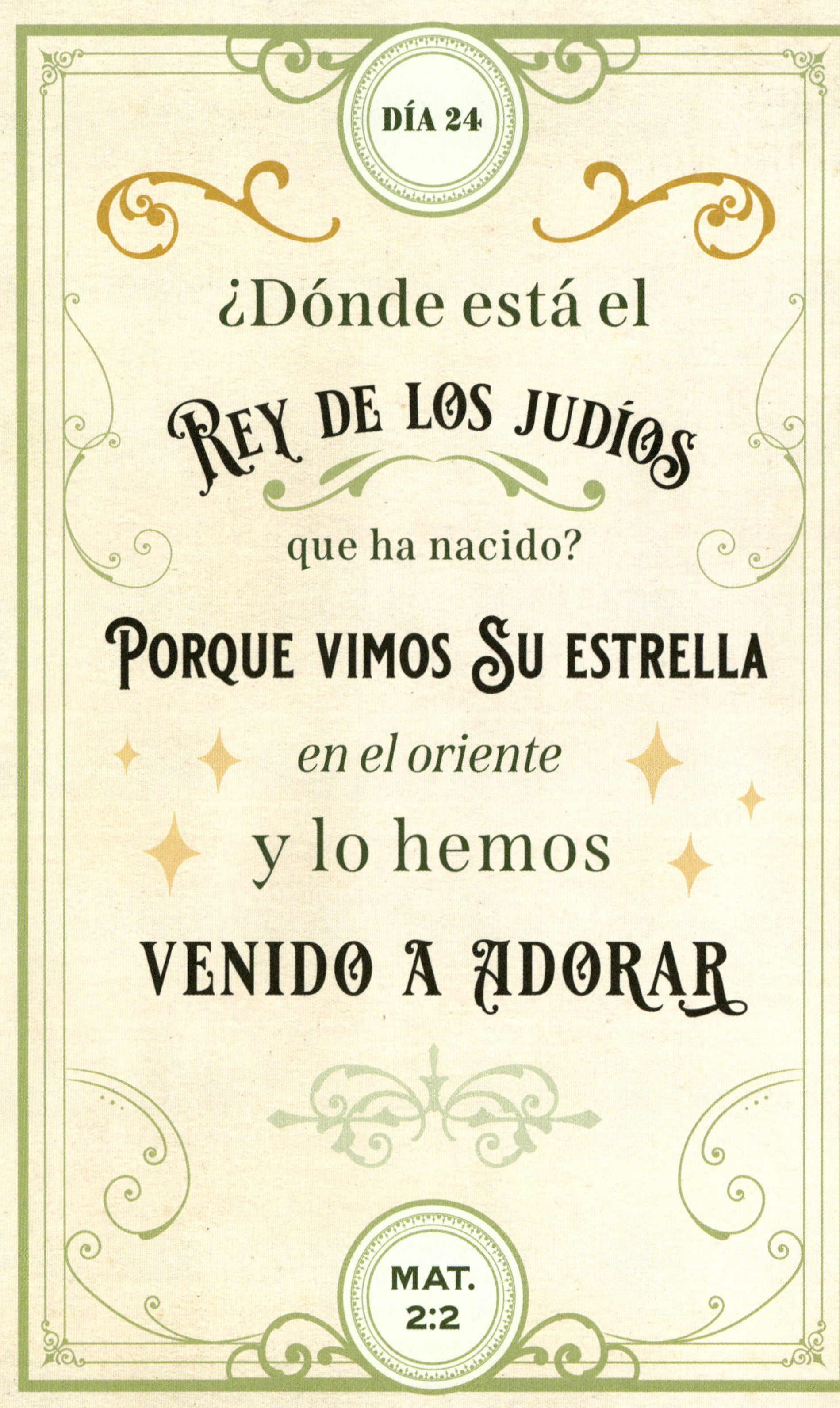
DÍA 24
¿Dónde está el
Rey de los judíos
que ha nacido?
Porque vimos Su estrella
en el oriente
y lo hemos
venido a adorar
MAT.
2:2

Día 24

DIGNO DE NUESTRA ADORACIÓN

«Después de nacer Jesús en Belén de Judea, en tiempos del rey Herodes, unos sabios del oriente llegaron a Jerusalén, preguntando: "¿Dónde está el Rey de los judíos que ha nacido? Porque vimos Su estrella en el oriente y lo hemos venido a adorar"» (Mat. 2:1-2).

Un largo viaje, nada de comodidad, pero con un profundo deseo de encontrar al Rey. No tenemos mucha información sobre la identidad de estos personajes que suelen incluirse en las escenas navideñas. Sin embargo, muy pocos se dan cuenta de que su visita fue bastante después del día del nacimiento de Jesús. Por otro lado, en ese tiempo el título de sabios o magos se aplicaba a cualquiera que se dedicara a la astrología, la interpretación de sueños, el estudio de escritos sagrados y hasta a la magia. Ya que muchos judíos del exilio vivían en el oriente, es posible que este grupo de visitantes estuviera familiarizado con profecías como la siguiente:

> «Una estrella saldrá de Jacob,
> Y un cetro se levantará de Israel»
> (Núm. 24:17).

Este grupo de sabios, que para sorpresa de muchos se desconoce su número, decidió emprender una larga travesía con un solo objetivo:

Adorar al Rey que ha nacido.

Los viajeros que menciona Mateo no buscaban al Rey para corroborar una teoría astrológica... ¡lo buscaban para adorarlo! Es muy probable que ellos no entendieran por completo quién era y qué haría Jesús y cómo cambiaría al mundo; sin embargo, su actitud era un anuncio de lo que un día ocurrirá. El Rey que nació en Belén, sin pompa ni atavíos reales, será adorado por gente de toda lengua y nación:

> Después de esto miré, y vi una gran multitud, que nadie podía contar, de todas las naciones, tribus, pueblos, y lenguas, de pie delante del trono y delante del Cordero, vestidos con vestiduras blancas y con palmas en las manos. Clamaban a gran voz: «La salvación pertenece a nuestro Dios que está sentado en el trono, y al Cordero» (Apoc. 7:9-10).

Cuando llega esta época cada año —tal vez sin darnos cuenta entre el ajetreo, los compromisos y las celebraciones— perdemos de vista esa inmensa realidad. A diferencia de los sabios, nos embarcamos en otras travesías guiadas por otras estrellas mundanas y de poco brillo que nos alejan en lugar de acercarnos a Belén. En lugar de corazón de adoradores tenemos corazones distraídos por el materialismo, que olvidan que esta celebración es para adorar al Rey que nació, murió, resucitó y regresará en toda Su gloria.

Adviento también es un tiempo en que **adoramos** a Dios:

> Porque cruzó la eternidad, se **encarnó** y anduvo por calles polvorientas entre pecadores para estar con nosotros: «"He aquí, la virgen concebirá y dará aluz un Hijo, y le pondrán por nombre Emmanuel", que traducido significa: "Dios con nosotros"» (Mat. 1:23).

Por la **esperanza** que tenemos en Cristo: «Y en Su nombre las naciones pondrán su esperanza» (Mat. 12:21).

Por Su **promesa** cumplida:
«De la descendencia de este, conforme a la promesa, Dios ha dado a Israel un Salvador, Jesús» (Hech. 13:23).

Porque nos **amó** sin merecerlo: «En esto consiste el amor: no en que nosotros hayamos amado a Dios, sino en que Él nos amó a nosotros y envió a Su Hijo como propiciación por nuestros pecados» (1 Jn. 4:10).

Por Su **gracia**: «Porque por gracia ustedes han sido salvados mediante la fe; esto no procede de ustedes, sino que es el regalo de Dios» (Ef. 2:8).

Porque hemos sido **redimidos** de nuestro pecado: «En Él [Cristo] tenemos redención mediante Su sangre, el perdón de nuestros pecados según las riquezas de Su gracia» (Ef. 1:7).

Porque nos ha **perdonado** en Cristo:
«... este Jesús es el que Dios ha designado como Juez de los vivos y de los muertos. De Él dan testimonio todos los profetas, de que por Su nombre, todo el que cree en Él recibe el perdón de los pecados» (Hech. 10:42-43).

Porque hemos sido **reconciliados** con Él:
«... Dios estaba en Cristo reconciliando al mundo con Él mismo, no tomando en cuenta a los hombres sus transgresiones, y nos ha encomendado a nosotros la palabra de la reconciliación» (2 Cor. 5:19).

Porque vivimos ahora en **luz** los que andábamos en oscuridad: «Jesús les habló otra vez, diciendo: "Yo soy la Luz del mundo; el que me sigue no andará en tinieblas, sino que tendrá la Luz de la vida"» (Juan 8:12).

Por la **paz** que Cristo hizo posible: «Por tanto, habiendo sido justificados por la fe, tenemos paz para con Dios por medio de nuestro Señor Jesucristo» (Rom. 5:1).

Porque hemos sido **adoptados** en Su familia: «Pero, cuando se cumplió el plazo, Dios envió a Su Hijo, nacido de una mujer, nacido bajo la ley, para rescatar a los que estaban bajo la ley, a fin de que fuéramos adoptados como hijos» (Gál. 4:4-5).

Porque nos dio **vida** nueva: «Pero Dios, que es rico en misericordia, por causa del gran amor con que nos amó, aun cuando estábamos muertos en nuestros delitos, nos dio vida juntamente con Cristo...» (Ef. 2:4-5).

Para reflexionar

Adviento es el momento del año en que los cristianos prorrumpimos en adoración junto al coro de ángeles que aquella noche primera dio gloria a Dios. Es un momento para dejar a un lado todo lo que compite por nuestra atención y meditar en la maravilla del Dios-Hombre que vino a caminar junto a nosotros para llevarnos de vuelta al Padre. ¿Cómo puedes de manera intencional hacer de esta celebración un tiempo de adoración?

DÍA 25

Porque esto es

MI SANGRE

del nuevo pacto,
que es derramada

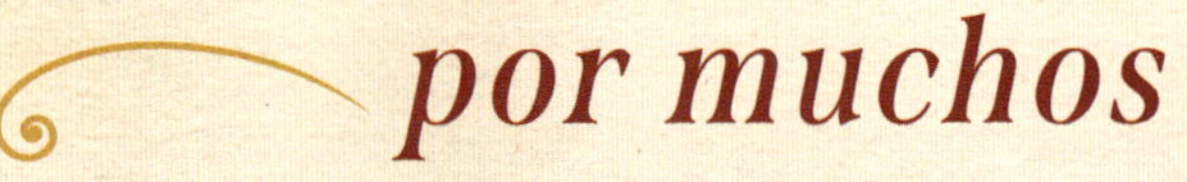

por muchos

para el perdón de los

PECADOS

MAT. 26:28

Día 25

UN VIERNES OSCURO, UN NUEVO PACTO

«... porque esto es Mi sangre del nuevo pacto, que es derramada por muchos para el perdón de los pecados» (Mat. 26:28).

Jesús nació en Belén de Judea y por poco más de treinta años caminó por las calles y caminos de la región. Ministró a ricos, pobres, gentiles y judíos, junto a un grupo de hombres que hoy conocemos como los doce apóstoles. Muchos acudían a Él por Sus milagros, otros por curiosidad, algunos para condenarlo y otros con la esperanza de hacerlo rey para que ocupara el trono usurpado por Roma.

Esa era la idea con que lo recibieron aquel día en Jerusalén. Cuando la multitud que había acudido a la ciudad para celebrar la Pascua supo que Jesús estaba llegando, salieron emocionados a Su encuentro:

> «... tomaron hojas de las palmas y salieron a recibir a Jesús, y gritaban: "¡Hosanna! Bendito el que viene en el nombre del Señor, el Rey de Israel"» (Juan 12:12-13).

Pero Jesús había llegado a la ciudad para cumplir con la parte más dolorosa de la misión que lo trajo del cielo perfecto al planeta caído:

La cruz.

¡La multitud de Jerusalén en aquel día no podía imaginar cuál sería el final de la semana! Esta es la misma semana de la famosa última cena. Jesús y Sus discípulos, como el resto del pueblo judío, se reunieron para celebrar la Pascua, la fiesta anual que conmemoraba la salida de Egipto, donde estuvieron oprimidos por 400 largos años. Ahora, muchos siglos después, aquella habitación está envuelta en el olor del pan recién horneado, la carne del cordero cocido con hierbas aromáticas y la fragancia del vino. La conversación probablemente giraba alrededor de la llegada a Jerusalén, la visita al templo, el intercambio enardecido con los fariseos, hasta que Jesús interrumpió:

> «En verdad les digo que uno de ustedes
> me entregará»
> (Mat. 26:21).

Sus palabras los dejaron atónitos, se preguntaban quién podría ser el traidor, cómo era posible. Jesús los interrumpe en sus pensamientos para comunicarles algo que sin duda debe haber resonado en sus oídos porque incluía las palabras «pacto» y «derramamiento de sangre»:

> «De la misma manera tomó la copa después de haber cenado, diciendo: "Esta copa es el nuevo pacto en Mi sangre, que es derramada por ustedes"» (Luc. 22:20).

Sin embargo, en ese momento no entendieron qué quería decir exactamente Jesús. Ni siquiera podían imaginar el desenlace que les aguardaba. Unas horas después Jesús fue apresado y llevado ante el sumo sacerdote. Luego ante Poncio Pilato, el gobernador. La misma multitud que días antes lo recibió con gritos de júbilo, ahora gritaba enfurecida:

¡Crucifícalo!

El tiempo transcurrió veloz. Abandonado por los doce, cubierto por la sangre de las heridas que provocaron golpes y azotes, Jesús caminó bajo el peso del madero hacia el monte donde se alzaría

Su cruz. Allí el Cordero de Dios, perfecto y sin mancha, sería sacrificado de una vez y para siempre.

La deuda pagada.
La ira de Dios aplacada.
Su justicia satisfecha.
¡Fue el viernes más oscuro de la historia!

El justo, el que vivió la vida perfecta, moría por los injustos, pecadores indignos de salvación, como tú y yo.

El cielo hizo silencio.
El velo se rasgó.
La tierra tembló.
¡Consumado es!

Su sangre derramada era el cumplimiento de lo anunciado en Edén. El pacto del que hablaron Jeremías y Ezequiel se hacía realidad. Sellado para siempre. No creo que alguna vez podamos entender por completo la profundidad de la cruz y todo su significado eterno. Nuestras mentes finitas son incapaces de procesar semejante sacrificio y mucho menos entender esa medida de amor y obediencia completa. La cruz de Cristo nos quitó el veredicto de culpabilidad que cargábamos y nos estampó en grandes letras rojas:

¡PERDONADOS!

Aunque para muchos pareció que allí terminaba todo en fracaso, que era el final para Jesús, la cruz realmente fue el principio. El principio de una nueva era, la era de la libertad del pecado y la muerte. Ya no necesitamos intermediarios para relacionarnos con Dios, por eso se rasgó el velo del templo (Mar. 15:38).

¡Cristo nos abrió el camino!

> «Él también es poderoso para salvar para siempre a los que por medio de Él se acercan a Dios, puesto que vive perpetuamente para interceder por ellos. Porque convenía que tuviéramos tal Sumo Sacerdote: santo, inocente, inmaculado, apartado de los pecadores, y exaltado más allá de los cielos» (Heb. 7:25-26).

No obstante, en aquel viernes oscuro los discípulos miraban de lejos. Se escondieron temerosos, sin saber qué hacer. Algunos pensaron en regresar a sus antiguas ocupaciones. Perdieron la esperanza que habían albergado por tres años. No habían comprendido todavía lo que Jesús quiso decir cuando habló de la aflicción, la traición, la muerte. ¡Y la paz que les dejaba! Él trató de advertirles que, aunque pasarían por el viernes oscuro,

¡el domingo llegaría!

Para reflexionar

Lee Hebreos 9:11-28. ¿Por qué el sacrificio de Cristo es diferente a los sacrificios anteriores? ¿Qué aprendemos en este pasaje sobre las implicaciones del nuevo pacto?

Gracias, Señor, porque Cristo murió por nosotros cuando todavía éramos pecadores. Gracias por la cruz a la que podemos levantar la mirada y encontrar perdón, esperanza, libertad.

Gracias porque fue tu amor lo que llevó a Cristo a la cruz y allí lo sostuvo.

Gracias por el viernes más oscuro donde el justo murió por los injustos, donde el pecado fue vencido para siempre, donde Satanás fue derrotado.

Gracias por ese viernes doloroso porque fue el preámbulo del domingo que cambió la historia, nuestra historia escrita por ti.

En el nombre de Jesucristo, el Salvador. Amén.

DÍA 26

Bendito sea el Dios
y Padre de nuestro
SEÑOR JESUCRISTO,
quien según Su gran misericordia,
nos ha hecho
NACER DE NUEVO
a una esperanza viva...

1 PED. 1:3

Día 26

LA RESURRECCIÓN LO CAMBIA TODO

«Bendito sea el Dios y Padre de nuestro Señor Jesucristo, quien según Su gran misericordia, nos ha hecho nacer de nuevo a una esperanza viva, mediante la resurrección de Jesucristo de entre los muertos, para obtener una herencia incorruptible, inmaculada, y que no se marchitará, reservada en los cielos para ustedes» (1 Ped. 1:3-4).

Los discípulos estaban tristes y confundidos ante todo lo que había sucedido. ¿Cómo era posible que Jesús estuviera muerto? La piedra pesada rodó y no solo clausuró la entrada a la tumba, también puso fin a todo lo que habían vivido. ¡Al menos eso parecía! Sus corazones atribulados no alcanzaban a entender que la historia no había terminado.

Mientras ellos permanecían ocultos, todavía bajo el dolor por la muerte brutal de su Maestro y consternados por la pérdida de quien los amó como nadie, los fuertes rayos del sol despuntaron en el horizonte anunciando un nuevo día. Llegaba el domingo. Un nuevo día significaba muy poco para ellos, pero lo que no sabían es que…

¡la tumba estaba vacía!

Esa era la sorpresa que aguardaba a las mujeres que llegaron hasta el sepulcro muy temprano en la mañana gloriosa que lo cambiaría todo para siempre. La piedra había sido removida y en medio de la confusión que les producía entrar en el sepulcro, fueron recibidas por unos varones con ropas resplandecientes:

> «¿Por qué buscan entre los muertos al que vive? No está aquí, sino que ha resucitado. Acuérdense cómo les habló cuando estaba aún en Galilea, diciendo que el Hijo del Hombre debía ser entregado en manos de hombres pecadores, y ser crucificado, y al tercer día resucitar» (Luc. 24:5-7).

¡Él lo había dicho!

Me imagino que sus corazones latían acelerados, abrumadas por la emoción y el asombro. Presurosas corrieron a compartir la noticia, pero solo encontraron incredulidad entre los discípulos (Mar. 16:11). Ellos no daban crédito a lo que escuchaban, les pareció que hablaban disparates. No fue sino hasta después de otras apariciones y encuentros que lo aceptaron.

¡Cristo resucitó!

La resurrección lo cambia todo porque es una realidad fundamental del cristianismo. La obra expiatoria de Cristo, para que fuera completa y efectiva, debía culminar en vida debido a que Cristo venció a la muerte (1 Cor. 15:20-26). Su resurrección dio lugar a una nueva era en la vida del pueblo de Dios, aquellos por los que Cristo murió y resucitó para que un día tengan un cuerpo perfecto libre de las limitaciones de la muerte o la enfermedad, un cuerpo que vive eternamente (1 Cor. 15:53). Su resurrección hizo posible nuestra regeneración de este lado del sol y también es la garantía de nuestra transformación a cuerpos glorificados en la resurrección futura:

> «Y Dios, que resucitó al Señor, también nos resucitará a nosotros mediante Su poder» (1 Cor. 6:14).

Lo que los cristianos debemos evitar a toda costa es hacer de la resurrección un evento que identifica a nuestra fe, pero que no nos lleva a vivir con esa esperanza gloriosa. Cuando no vivimos anclados en la esperanza firme de la resurrección, hemos olvidado que estamos de paso por este mundo,

que somos peregrinos extranjeros y que todavía no hemos llegado a casa. Dicho en pocas palabras, nos hemos perdido el punto esencial de la resurrección. Para los creyentes la resurrección implica mucho más que una doctrina.

La resurrección es victoria sobre la muerte y el pecado. Victoria sobre lo que parecía imposible: volver a tener comunión con Dios para siempre.

La resurrección es esperanza ante el diagnóstico fatídico y también para la llamada que nunca quisiéramos recibir. Es esperanza para el adiós que no queremos decir. La resurrección de Cristo es esperanza porque un día habrá un amanecer diferente, sin más listas de pendientes ni soledad, ni montones de ropa sucia. Es esperanza en una vida mejor, tal y como lo creyeron los héroes de la fe que menciona la epístola a los Hebreos (cap. 11). Es también esperanza para el día a día porque Cristo resucitó y ahora Su Espíritu vive en nosotros. Él es la garantía de que la obra redentora será completada.

La resurrección nos recuerda que cuando conocemos a Cristo podemos vivir por el mismo poder que aquel domingo inigualable lo levantó para siempre de los muertos, el poder de Dios. Nos recuerda la gracia de Dios, que podemos venir de muerte a vida, en el sentido espiritual y en el literal. Un día tendremos un cuerpo glorioso, como el que Cristo tenía el día que se encontró con los discípulos en Emaús, en el aposento alto, a la orilla del mar. La resurrección nos recuerda que, venga lo que venga, todo es temporal. Ese no es el final. Nos recuerda también que nuestra vida tiene un nuevo sentido porque tenemos una misión: anunciar a otros las buenas nuevas que son posibles gracias a Su resurrección.

Necesitamos vivir a la luz de la eternidad porque este mundo es oscuro, difícil y el pecado abunda. Pero con la resurrección de Jesucristo podemos decir que Su victoria sobre la muerte lo cambia todo. Cambió la vida de los primeros discípulos, revolucionó al mundo del primer siglo y la historia continúa hasta nuestros días. El Cristo resucitado sigue obrando salvación, transformando corazones y trayendo esperanza.

¡Él sigue con nosotros!

Por eso también celebramos Adviento, porque esperamos el día de nuestra resurrección final cuando Cristo regrese a habitar nuevamente entre nosotros.

¡Cristo resucitó y tiene la victoria final!

Para reflexionar

Lee Lucas 24:13-35. ¿Qué aprendemos en la conversación de Jesús con estos dos discípulos sobre la historia redentora?

Oremos para que, así como ardió el corazón de ellos al escuchar a Jesús, también arda el nuestro al recordar que no creemos en un Cristo muerto, sino en uno que resucitó y venció la muerte y el pecado.

DÍA 27

No los DEJARÉ *huérfanos;* vendré a USTEDES

Juan 14:18

Día 27

NO ESTAMOS SOLOS

«No los dejaré huérfanos; vendré a ustedes» (Juan 14:18).

En aquella última noche que Jesús compartió con Sus discípulos antes de ir a la cruz, les anunció que Su partida era inminente, pero no los dejaría solos. Les habló de enviarles a alguien a quien Él llamó el Consolador, el Espíritu de verdad (Juan 15:26). La Biblia no nos brinda muchos detalles acerca de la reacción de los discípulos, pero por lo poco que tenemos en el relato de Juan es fácil inferir que sintieron desconsuelo, consternación y mucha tristeza. Es muy posible que comenzara a embargarlos el temor a la soledad. ¿Quién no ha sentido soledad alguna vez?

Aunque tal vez los discípulos no lo recordaron en ese momento, siglos antes, los profetas habían hablado de la venida de este Consolador:

> «Pondré dentro de ustedes Mi espíritu y haré que anden en Mis estatutos, y que cumplan cuidadosamente Mis ordenanzas» (Ezeq. 36:27).

> «Y sucederá que después de esto,
> Derramaré Mi Espíritu sobre toda carne;
> Y sus hijos y sus hijas profetizarán,
> Sus ancianos soñarán sueños, Sus jóvenes verán visiones.
> Y aun sobre los siervos y las siervas
> Derramaré Mi Espíritu en esos días»
> (Joel 2:28-29).

Ese Espíritu prometido es la tercera persona de la Trinidad y por eso sería capaz de crear nueva vida, regenerar los corazones y venir primero sobre el Ungido del

Señor: «El Espíritu del Señor Dios está sobre mí, porque me ha ungido el Señor para traer buenas nuevas a los afligidos» (Isa. 61:1a). Cristo repetiría estas palabras del profeta Isaías para hablar sobre sí mismo (Luc. 4:18). Ahora, en aquella noche difícil de separación y muerte, el anuncio de la venida del Espíritu Santo ocurre una vez más. ¿Por qué era importante? ¿Qué implicaciones tendría? ¡Muchísimas!

Hasta ese momento, la presencia de Dios solo se asociaba con un lugar, el templo. El Espíritu de Dios solo venía sobre algunos para cumplir un encargo divino específico y por un tiempo limitado. Cristo ahora les estaba diciendo que ya no sería así. Aunque al marcharse ya no caminaría por las calles ni podríamos contemplar Su rostro como sucedió con los discípulos, Él vive en cada creyente y tenemos la seguridad de Su presencia: «Y en esto sabemos que Él permanece en nosotros: por el Espíritu que nos ha dado» (1 Jn. 3:24b).

¡Es por eso que no estamos solos!
Él sigue siendo Dios con nosotros.

De hecho, si en algún momento dudamos de nuestra nueva identidad como hijos de Dios, el mismo Espíritu de Verdad, el Consolador se encargará de reafirmar nuestra filiación con Dios: «El Espíritu mismo da testimonio a nuestro espíritu de que somos hijos de Dios» (Rom. 8:16).

Así como el profeta Joel lo anunció siglos antes, ocurrió poco después de que Jesús se despidiera de Sus discípulos

y los comisionara para llevar las buenas nuevas del evangelio más allá de los muros de Jerusalén:

> «Cuando llegó el día de Pentecostés, estaban todos juntos en un mismo lugar, y de repente vino del cielo un ruido como el de una ráfaga de viento impetuoso que llenó toda la casa donde estaban sentados. Se les aparecieron lenguas como de fuego que, repartiéndose, se posaron sobre cada uno de ellos. Todos fueron llenos del Espíritu Santo…» (Hech. 2:1-4a).

Pedro había llorado de amargura por su traición al Maestro unos pocos días antes, había decidido retomar su oficio de pescador sobrecogido por la desesperanza. Sin embargo ahora, con la presencia del poderoso Espíritu Santo en su vida, se levantó con pies firmes y sin titubear predicó a una multitud desconcertada y asombrada que escuchaba por primera vez el evangelio de Jesucristo. No lo estaba haciendo en sus fuerzas, no estaba solo. Pedro estaba lleno del Espíritu Santo. Lo que ocurrió en ese momento es también lo que hace el Espíritu Santo en nosotros, nos da poder para testificar de Cristo y nos capacita para llevar adelante la obra del reino.

El Espíritu Santo vive en nosotros y por eso ya no estaremos nunca solos porque nos acompaña en cada momento, incluso en aquellos en los que no sabemos qué decir y las palabras nos fallan. Cuando estamos confundidos y no sabemos si lo que estamos orando a Dios tiene sentido o no, la Escritura nos da la confianza de que el propio Espíritu de Dios intercede a nuestro favor, clama por nosotros y lo hace de acuerdo con la voluntad de Dios (ver Rom. 8:26-27).

Ya no estamos solos en nuestra nueva vida en Cristo, ni tenemos que batallar solos. El Espíritu obra en nosotros para hacernos cada vez más como Jesús, nos da el poder para decir no al pecado (Rom. 8:12-14).

Ya no quedamos sujetos a nuestras fuerzas o capacidades humanas porque la función principal del Espíritu Santo en la vida del creyente es conformarnos más y más a imagen de Cristo, de gloria en gloria, tal y como argumenta Pablo en su carta a los corintios: «Pero todos nosotros, con el rostro descubierto, contemplando como en un espejo la gloria del Señor, estamos siendo transformados en la misma imagen de gloria en gloria, como por el Señor, el Espíritu» (2 Cor. 3:18).

¡Jesús lo prometió y lo está cumpliendo!
No nos dejó solos,
nos dejó al Consolador que obra
a nuestro favor.

Me resulta fascinante que, al comienzo del relato del nacimiento de Jesús, Mateo menciona la profecía de Isaías:

> «He aquí, la virgen concebirá y dará a luz un Hijo, y le pondrán por nombre Emmanuel», que traducido significa: «Dios con nosotros» (Mat. 1:23; Isa. 7:14).

Y, al terminar su Evangelio, Mateo incluye estas palabras de Jesús:

> «... Yo estoy con ustedes todos los días, hasta el fin del mundo» (Mat. 28:20).

Ese es nuestro Dios, Emmanuel, el que está siempre con nosotros, desde el principio hasta el fin del mundo. También gozamos de la presencia del Espíritu Santo, quien nos edifica cada día porque ha sido enviado por el Padre para enseñarnos todas las cosas y recordarnos todo lo que Jesús ha dicho. Como lo dijo Jesús mismo:

> «Él me glorificará, porque tomará de lo Mío y se lo hará saber a ustedes» (Juan 16:14).

Para reflexionar

¿Qué nuevo entendimiento sobre la historia redentora te ha brindado la lectura de hoy?

Lee el Salmo 139:7-16 y deja que esas palabras sean un recordatorio de que nunca estamos solos.

DÍA 28
...Y ÉL
HABITARÁ ENTRE
ELLOS Y ELLOS
SERÁN
SU PUEBLO
Y DIOS MISMO
ESTARÁ
ENTRE
ELLOS
APOC. 21:3b

Día 28

¡ÉL REGRESARÁ!

«Entonces oí una gran voz que decía desde el trono: "El tabernáculo de Dios está entre los hombres, y Él habitará entre ellos y ellos serán Su pueblo, y Dios mismo estará entre ellos"» (Apoc. 21:3).

Adviento es una celebración de la «espera» porque aguardamos el regreso de Cristo. Esperamos la gloria futura de la que nos habla Pablo en Romanos (8:18-25). ¿Sabes por qué celebramos esa espera? Porque nuestro paso por este mundo es difícil y va acompañado de demasiado sufrimiento. Sí, sufrir es parte de la vida debajo del sol y si te han dicho lo contrario, voy a responder con una frase que mi abuelo usaba a menudo: «que te devuelvan el dinero». Este es un mundo caído y en el mundo caído se sufre: hay enfermedades, pérdidas, divorcios, violencia, robos, crisis económicas, relaciones fragmentadas y muerte, entre muchas otras cosas.

Sin embargo, Pablo les recuerda a sus lectores y a nosotros también que, aunque sin duda hay sufrimientos, estos palidecen cuando se los compara con *la gloria que nos ha de ser revelada* (Rom. 8:18). ¿Cuál es esa gloria futura?

¡La nueva creación!

Este mundo que hoy vemos es solo una sombra de lo que fue en Edén. La creación sufre porque ha sido sometida, por voluntad de Dios, a corrupción. Dios maldijo la tierra por el pecado (Gén. 3:17). La pecaminosidad humana ha hecho que tengamos plagas que destruyen las cosechas, terremotos, huracanes, tornados y toda clase de desastres naturales que hacen eco y son producto de la caída.

La creación gime y nosotros también gemimos en nuestro interior mientras aguardamos ese momento glorioso en que nuestro cuerpo será redimido por completo (Rom. 8:23). Es cierto que cuando venimos a Cristo Él nos rescata, salva y ya formamos parte de la familia de Dios, pero esa adopción todavía no está completa o finalizada porque todavía no podemos disfrutar de todos los beneficios como, por ejemplo, el cuerpo perfecto que recibiremos en la resurrección. Entretanto, todavía tenemos cuerpos imperfectos y con fecha de caducidad que nos causarán sufrimiento. Sufrimos al enfermarnos, al envejecer y también ante la noticia de la muerte de alguien a quien amamos. Sin embargo, «en esperanza hemos sido salvados» (Rom. 8:24), ¡la salvación nos da la esperanza de que un día todo será diferente! Un día abriremos los ojos a un mundo perfecto, donde la creación dará fruto constante, resplandecerá y los desastres no existirán más. La vejez y sus dolores serán historia, en ese mundo la enfermedad quedará destruida para siempre. Pero todavía hay una mejor noticia:

¡Un mundo donde ya no lucharemos más con el pecado!

Así que aguardamos, esperamos aquello que todavía no vemos, pero que nos lo ha prometido Dios mismo. Aguardamos con paciencia el cumplimiento de toda esta agenda que se escribió en la eternidad porque Jesucristo ya reina en los cielos y todo nuestro sufrimiento es pasajero.

Los creyentes solemos olvidar esa realidad. Vivimos con el corazón demasiado enamorado de lo que nuestros ojos pueden ver y olvidamos las maravillas prometidas para la eternidad. Si las olvidamos ya no vivimos bajo esa esperanza y, por lo tanto, dejamos de proclamarla y anunciar sus virtudes. Tal vez no es que las olvidemos,

sino que nos preocupa que nuestros amigos y vecinos nos tilden de anticuados o locos por estar hablando del cielo y el infierno.

Uno de los versículos más conocidos de las Escrituras, uno que muchos hemos memorizado, es el siguiente:

> «Porque de tal manera amó Dios al mundo, que dio a Su Hijo unigénito, para que todo aquel que cree en Él, no se pierda, sino que tenga vida eterna» (Juan 3:16).

Esas palabras maravillosas hablan del plan glorioso de Dios. Cristo vino, murió y resucitó para rescatarnos porque estamos perdidos en un mundo de pecado, sin poder tener una relación con Dios por nosotros mismos. Sin Cristo, moriríamos condenados a una eternidad sin Dios.

Cristo murió para que salgamos de nuestro estado de muerte espiritual y podamos tener vida eterna, para que podamos dejar atrás este mundo caído que va en camino a la destrucción y regresemos al comienzo, a disfrutar de estar en la presencia de Dios para siempre y vivir en la nueva creación prometida. ¡Cómo cambiarían las cosas si las personas que no conocen a Cristo nos vieran vivir con esa perspectiva de eternidad! En un mundo que perece en pecado y dolor, donde muchos viven solo para disfrutar el momento y luego sentirse vacíos otra vez, donde la esperanza a la que las personas se aferran es muy efímera, nosotros podemos proclamar la mejor noticia:

Hay perdón en Cristo.
Hay vida nueva en Cristo.
¡Hay vida eterna en Cristo!

¿Cómo es que no compartimos esa realidad con otros? Cada persona a quien conocemos tiene un tiempo limitado en este planeta. Nadie sabe de cuánto tiempo dispone. A todos nos aguarda la eternidad. La única diferencia es que unos tendremos una eternidad con Dios, como la que acabo de describir y otros, una eternidad sin Él.

Uno de los pasajes más alentadores de toda la Escritura se encuentra en el libro que posiblemente sea el menos leído de todos, Apocalipsis:

> «Entonces vi un cielo nuevo y una tierra nueva, porque el primer cielo y la primera tierra pasaron, y el mar ya no existe. Y vi la ciudad santa, la nueva Jerusalén, que descendía del cielo, de Dios, preparada como una novia ataviada para su esposo. Entonces oí una gran voz que decía desde el trono: "El tabernáculo de Dios está entre los hombres, y Él habitará entre ellos y ellos serán Su pueblo, y Dios mismo estará entre ellos. Él enjugará toda lágrima de sus ojos, y ya no habrá muerte, ni habrá más duelo, ni clamor, ni dolor, porque las primeras cosas han pasado".
>
> El que está sentado en el trono dijo: "Yo hago nuevas todas las cosas". Y añadió: "Escribe, porque estas palabras son fieles y verdaderas". También me dijo: "Hecho está. Yo soy el Alfa y la Omega, el Principio y el Fin. Al que tiene sed, Yo le daré gratuitamente de la fuente del agua de la vida. El vencedor heredará estas cosas, y Yo seré su Dios y él será Mi hijo"» (Apoc. 21:1-7).

¡Cristo viene y reinará!

Dios mismo habitará entre nosotros, como al principio. Es demasiado para mi mente finita tratar de imaginar cómo será, pero sé que será glorioso porque así Él lo ha prometido. Un mundo sin lágrimas, ¿te imaginas? No habrá nada que nos haga llorar, nunca más. Será un mundo donde todas, absolutamente todas las cosas serán hechas nuevas. No más niños huérfanos, ni con enfermedades terminales. No más abusos ni injusticias de ninguna clase. Un mundo de vida eterna. Un mundo perfecto.

La Biblia incluso nos dice que en este nuevo mundo no necesitaremos templo para adorar a Dios porque Él mismo estará allí.

¡Dios con nosotros!

Lo que generación tras generación de creyentes ha estado esperando con ansias será la realidad cotidiana para siempre. Por eso Adviento es un tiempo de celebración de «espera», porque la espera que celebramos bien vale la pena.

Aguardamos el regreso de nuestro Redentor, Dios con nosotros, Jesucristo el Señor.

«El que testifica de estas cosas dice:

"Sí, vengo pronto".

Amén.

Ven, Señor Jesús»
(Apoc. 22:20).

Para reflexionar

¿Cuáles son las semejanzas y diferencias entre el comienzo de la historia de la humanidad en Génesis del 1 al 3 y el final que se nos presenta en Apocalipsis 21?

¿Qué estamos anhelando en esta temporada de Adviento, qué anticipamos con toda emoción? ¿Qué esperamos cada día? Oremos para que el Señor nos revele los verdaderos anhelos de nuestro corazón, que cambie nuestros deseos efímeros por aquello que es para siempre, que nos lleve a anhelar cada vez más la nueva creación porque eso es anhelar a Cristo mismo.

Se oye un son en alta esfera

Se oye un son en alta esfera:
"¡En los cielos gloria a Dios!
¡Al mortal paz en la tierra!"
Canta la celeste voz.
Con los cielos alabemos,
Al eterno Rey cantemos,
A Jesús que es nuestro bien
Con el coro de Belén;
Canta la celeste voz:
"¡en los cielos gloria a Dios!"

El Señor de los señores,
El Ungido celestial,
A salvar los pecadores
Vino al mundo terrenal.
Gloria al Verbo encarnado,
En humanidad velado;

Gloria al Santo de Israel,
Cuyo nombre es Emmanuel;
Canta la celeste voz:
"¡En los cielos gloria a Dios!"

Príncipe de paz eterna,
Gloria a ti, Señor Jesús;
Entregando el alma tierna,
Tú nos traes vida y luz.
Has tu majestad dejado,
Y buscarnos te has dignado;
Para darnos el vivir,
A la muerte quieres ir.
Canta la celeste voz:
"¡En los cielos gloria a Dios!"[9]

9. Letra, Charles Wesley, 1739. Tr., Federico Fliedner. Música, Felix Mendelssohn, 1840. Himnario Bautista. CBP, 1978.